士之读书治学，盖将以脱心志于俗谛之桎梏，真理因得以发扬。

——陈寅恪

我们的中山大学

吴承学　周春健 主编

山东画报出版社

济 南

图书在版编目（CIP）数据

我们的中山大学 / 吴承学, 周春健主编. -- 济南：
山东画报出版社, 2025. 3. -- (老照片·我们的大学 /
陈平原总主编). -- ISBN 978-7-5474-5111-3

Ⅰ. G649.286.51-53

中国国家版本馆CIP数据核字第2024AD2530号

WOMEN DE ZHONGSHAN DAXUE

我们的中山大学

陈平原　总主编

吴承学　周春健　主编

项目策划　赵发国
项目统筹　赵祥斌
责任编辑　陈先云
装帧设计　王　芳

主管单位　山东出版传媒股份有限公司
出版发行　山东画报出版社
　　　　社　　址　济南市市中区舜耕路517号　邮编 250003
　　　　电　　话　总编室（0531）82098472
　　　　　　　　　市场部（0531）82098479
　　　　网　　址　http://www.hbcbs.com.cn
　　　　电子信箱　hbcb@sdpress.com.cn
印　　刷　山东临沂新华印刷物流集团有限责任公司
规　　格　160毫米×230毫米　32开
　　　　　　　10.25印张　226千字　198幅图
版　　次　2025年3月第1版
印　　次　2025年3月第1次印刷
书　　号　ISBN 978-7-5474-5111-3
定　　价　62.00元

如有印装质量问题，请与出版社总编室联系更换。

总　序

陈平原

采用散文 / 随笔讲述你我经历 / 熟悉的大学历史、故事、人物及精神，这一写作方式，很难说起源于何时何地，但 1998 年北大百年校庆应该是其迅速崛起的重要契机。此举的最大特点，在于有效地沟通了"文"与"学"——这里所说的"学"，特指教育史、学术史与思想史。你可以追溯到 20 世纪 20 年代"任意而谈、无所顾忌"的"语丝文体"，也可以从 1979 年创刊的"以学识为根基，以阅历、心境为两翼，再配上适宜的文笔，迹浅而意深，言近而旨远"的《读书》杂志说起；当然，还可以像我曾在文章中提及的，以 1988 年刊行的两本有关大学的"怀旧"图书——中国文史出版社的《笳吹弦诵情弥切——国立西南联合大学五十周年纪念文集》以及北京大学出版社的《精神的魅力》作为切入点。而随着《北大旧事》(陈平原、夏晓虹编，北京：生活·读书·新知三联书店，1998 年)、《北大往事》

（橡子、谷行主编，北京：中国文学出版社，1998年）的出版与热销，集合众多零散的老大学师生的私人记忆而成书，这一编撰策略，得到了广泛的认同。紧接着，江苏文艺出版社和辽海出版社组织了"老大学故事丛书"和"中国著名学府逸事文丛"；随后出版的"中华学府随笔"丛书（四川人民出版社）以及"教会大学在中国"丛书（河北教育出版社），走的也是这条路——谈论大学的历史，不再局限于硬邦邦的论说与数字，而是转向生气淋漓的人物和故事［参见陈平原《文学史视野中的"大学叙事"》，《北京大学学报（哲学社会科学版）》2006年第2期］。

其实，"追忆似水年华"，从来都是文人学者写作的重要动力。而对于上过大学或在大学工作的人来说，大学记忆连着青春胎记，历经岁月的酝酿与淘洗，不断地发酵与积聚，终于在某个特定时刻喷薄而出。这种状态下，很容易催生出生气淋漓的好文章。假如你所谈论的大学故事与人物，恰好能折射时代风云，或凸显某种精神境界，那就更有可能赢得满堂掌声。

为了便于读者进入规定的历史情境，也为了保存某些难得的时代气息，20世纪90年代出版的众多有关老大学的图书，大都会用插页方式，印制若干老照片。但那更像是图书的配件与装饰，编写者及出版社都不曾将其作为重要一环来认真经营。

这就说到约略与此同时崛起的另一种出版风尚。1996年底，山东画报出版社的《老照片》一经推出，即以其别开生面的图书样式与回眸历史的新颖视角，引发了风靡全国的"老照片文化热"。如今，该社又别出心裁，策划《老照片》品牌的衍生品——"我们的大学"丛书，选取具有悠久历史、在海内外卓有影响的知名大学，以图文并茂的形式，展现其人文历史与精神风貌。

"老大学"丛书追求的是"文"与"学"的配合，"老照片"丛书则着力"图"与"文"的融通，如今这两条线交会起来，成就了"老照片·我们的大学"丛书。这么一来，可最大限度地兼及图·文·学三者，实在可喜可贺。

天下事，有得必有失，追求五彩缤纷，那就无法执着与凝重。好事你不可能全都占尽，比如知识系统或思想深刻，便非本丛书的工作目标。某种意义上，形式就是内容，既然选择这么一种三合一的图书风貌，除了必不可少的诚实与可信，"好看"应该放在第一位——无论人物、文章还是图像，都必须生动、活泼、有趣。说到底，这不是一字千钧的学术史，也不是正襟危坐的教科书。

如此"好看"的文化读物，拟想读者可不仅仅是各大学的校友，更包括所有对中国大学的过去、现在与未来感兴趣的读书人。

2023 年 3 月 20 日于京西圆明园花园

序

吴承学

《我们的中山大学》，书名本身就具有宏阔的自由阐释空间。

如果把这个话题放到百年中大的历史背景中，其内涵便显得更为浩瀚无涯——百年以来的"我们"，包含了无数禀性各异的师生、校友；百年以来的"中山大学"，更是一部波澜壮阔、沧桑变化的历史。简而言之，这里有说不完道不尽的故事。

我主编过《中山大学与现代中国学术》《山高水长：中山大学文化研究》等书，这些书介绍了中山大学的学人、学术、学科乃至文化等方面情况，但总有"以管窥天，以蠡测海"之感。《我们的中山大学》要用十多万字的篇幅，去表现百年的中山大学，尤见其难。我们只能以小见大，选取特定角度，在特定范围内去反映百年中大。这就像游览者一样：虽然无法穷尽名山大川的全貌，但探访一丘一壑，亦可领略其旖旎风光。读者不妨以书为径，拾级而上，游目骋怀，去感受百年中大的高山流水、云霭亭榭之美。

本书以中山大学的学人为核心，由学人而涉及学科，由他们工作于斯、生活于斯的校园，观察这所百年名校的风神。

中山大学自创校以来，名流荟萃，大师云集。古人说："石韫玉而山辉，水怀珠而川媚。"大师名家，就像名山大川的"珠"与"玉"，是中山大学的精神所在，是我们共同的历史记忆和仰望对象。清代大学者阮元说过一句意味深长的话："学术盛衰，当于百年前后论升降焉。"经过百年时光的淘洗，中山大学真正具有重要价值的学人、学术已经接受历史检验，得到认同。古人谈到选录前人的作品时说："其人既往，其文克定；今所寓言，不录存者。"这是一种审慎的态度。基于这种态度，我们编选的内容仅录回忆逝者与远去时光的文章，表达对中大前辈的缅怀与对历史的纪念。

大师名家，是中山大学的名片，也是中国现代学术天空上的星斗。中山大学一批大师名家和中国现代学术史密切相关。比如：邹鲁、许崇清之于高等教育史，傅斯年之于史料学，陈寅恪、岑仲勉之于中国史，梁方仲之于经济史，容庚、商承祚之于古文字学，詹安泰、王起、董每戡之于中国文学史，王力之于古代汉语，朱谦之、杨荣国之于哲学史，马采之于美学史，梁宗岱之于法国文学，夏书章之于行政学，姜立夫之于数学，陈心陶之于寄生虫学，蒲蛰龙之于生物防治学……

本书选文兼顾史料性与可读性，希望选入一些有真情实感的随笔性文章。在选取纪念文章时，我们尽量考虑作者与传主的亲近关系。本书所选，有本人的回忆，如许崇清《我的经历》；有儿女的回忆，如詹伯慧回忆詹安泰，杨淡以回忆杨荣国等；有学生的回忆，如曾宪通回忆容庚，陈炜湛回忆商承祚，冯达文回忆马采，陈春声回忆蔡鸿生等。各篇文章的先后排列，则以传主年齿为序。

人文传统气息与现代学术结合，开放包容气度与家国情怀兼备，是中山大学建校以来形成的传统。在中国学术从传统走向现代的近百年历史进程中，中大可谓开风气之先：自建校之日起，就揽入一批具有现代大学制度意识和国际性眼光、兼备现代学术视野与传统学术根柢的掌门人和学者。他们致力于中国学术的现代化，在很短时间内便把中山大学建成雄踞国内高校前列且影响深远的学术重镇。建校不久成立的语言历史研究所、民俗学会、教育研究所、西南研究会、涵盖文法理农工医各科的中山大学研究院等学术机构，都站在当时中国学术前沿，起到了引领作用。值得一提的是，1927年傅斯年创办了中山大学语言历史学研究所，并成立民俗、考古、语言、历史四个研究学会，还出版了《国立中山大学语言历史学研究所周刊》《民俗》等刊物。基于同样的学术理念，次年傅斯年在此基础上，又在广州筹办国立中央研究院历史语言研究所。这是中国近代以来最重要的学术组织之一，是中国现代人文学脉发轫的标志。这些重要学术史史实难以备述，但从本书《傅斯年在中山大学》《历史语言研究所在广州史实述论》等文章，可以窥其一斑。

百年中大的发展历程表明，有大师，方可成大学；而中大校园建筑的历史变迁又昭示着，大学建筑同样折射出大学气度。本书《对中山大学校园建筑的文化解读》一文，从文化的角度，考察百年以来中山大学三个校园建筑的历史演变。这些校园的建筑沿革，就是中大变迁的空间叙事史。其中康乐园的建筑糅合中西建筑之美，极具特色，颇有文明互鉴的象征意义。当然，真正给这些建筑注入灵魂的，是在这里工作和生活过的人们——正因为有大师名家在，中山大学的建筑才令人难忘。故而一年四季，总有来自不同地方的人们在这里流连忘返。

中大的校园建筑沉淀历史记忆，浓缩人文气息，随着时间推移，其文化遗存的珍贵价值也越发显现。在学子心目中，母校就像母亲，她美丽而博大。我于1977年考入中山大学，在康乐园读书、生活将近五十年，每天到办公室都要经过陈寅恪先生故居。沿着先生当年散步的著名小径，从曾经为他遮阳避雨的大樟树下走过，一种敬畏感油然而生。我每年指导一年级的新生，总会带他们去参观陈寅恪故居，让他们默识墙面挂着的先生名言："士之读书治学，盖将以脱心志于俗谛之桎梏，真理因得以发扬"。我想，脱俗求真，应该是"我们的中山大学"赓续的精神传统。

回顾中山大学的历史，我们有着深深的感怀。人事有代谢，往来成古今。中山大学建校一百年，故人与故事已成历史。我们编选这本书，绝不仅仅为了思古怀旧，而是要"读其书，想见其为人"，追慕其品格，以先贤为明灯，让历史照亮未来。

2023年8月

目　录

鲁迅：点燃学子的革命"火鸦"

李青果

新文学家周树人先生，为文学界健将；前任北大文科教授，力倡新文化，学者翕然宗之，嗣后……北大学生从之南行者，颇不乏人；此次政府革新，本校委员会就职之始，即锐意整顿，对于各科教授人才，复竭力罗致；以周君为近世巨子，特聘其来粤主教文科，函电敦

图1 鲁迅先生（1881—1936）

促，至三四次，兹得周先生复函：允即南下，准年底可以到粤；北大及厦大等学生，拟随其转学本校者，为数亦近百人……

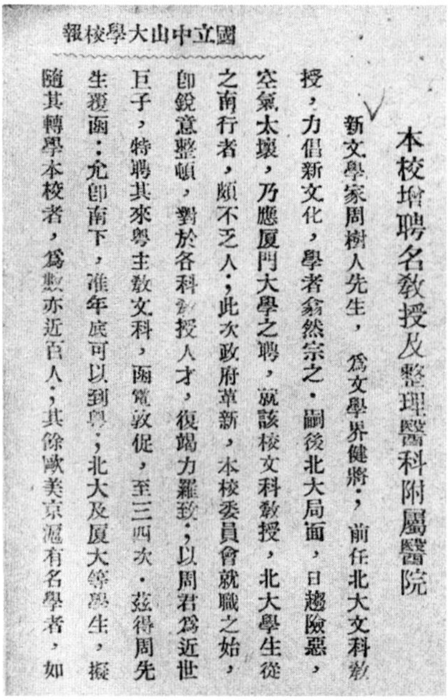

國立中山大學校報

本校增聘名教授及整理暨科附屬醫院

新文學家周樹人先生，爲文學界健將；前任北大文科教
授，力倡新文化，學者翕然宗之。嗣後北大局面，日趨險惡，
空氣太壞，乃應廈門大學之聘，就該校文科教授，北大學生從
之南行者，頗不乏人；此次政府革新，本校委員會就職之始，
即銳意整頓，對於各科教授人才，很竭力羅致；以周君爲近世
巨子，特聘其來粵主敎文科，函電敦促，至三四次。茲得周先
生覆函：允卽南下，准年底可以到學，北大及廈大等學生，如
隨其轉學本校者，爲數亦近百人；其餘歐美京冀有名學者，如

图2　中山大学关于聘任鲁迅来校任
教的消息（《国立中山大学校报》第三期，
1927年1月1日）

这是刊登在 1927 年 1 月 1 日《国立中山大学校报》的一则消息，这则发表在新年伊始的消息，广而告之地宣布了从此开始的一段鲁迅（1881—1936）与中山大学不同寻常的"因缘"。

中山大学对鲁迅"函电敦促，至三四次"，可谓期待殷殷；"文学界健将""近世巨子""学者翕然宗之"的高度评价，也流露出中山大学对此次"竭力罗致"人才的成就感；而"政府革新"，校委员会"锐意整顿"中山大学，则表明革命军兴、北伐连捷之际，刚由广东大学更名的中山大学，既需要"各科教授人才"，也需要"力倡新文化"的思想先驱，读书治学而不忘革命，是中山先生创校的一个宗旨，鲁迅的到来，或许既名副其实也恰逢其时。而"得中大委员会信……言正教授只我一人"（《两地书·七三》，《鲁迅全集》第 11 卷，北京：人民文学出版社，2005 年，第 259 页），且又同时被聘为文学系主任和校教务主任，则足见中大对鲁迅的礼遇和期待。鲁迅住在中大最著名的大钟楼上，据说，只有主任级别的人方有资格享受这种待遇。

鲁迅从厦门大学南来中山大学，原因与厦门大学的恐怖空

图3 鲁迅在大钟楼的卧室兼工作室

气和时任中山大学委员的朱家骅许予"教授治校"有关（《两地书·七三》，《鲁迅全集》第11卷，第203页），但"革命策源地"的广州不像中国北方那样有着"不死不活的空气"，而中山大学的"意在革新"，则更像一种召唤。即使已在广州的恋人许广平，也把这种不同的氛围"说得天花乱坠"："广大（中大）现系从新开始，自然比较有希望……广州情形虽复杂，但思想言论，较为自由"（《两地书·六三》，《鲁迅全集》第11卷，第182页）；而且"这回的（中大）改组，确是意在革新，旧派已在那里抱怨，当局还决计多聘新教授……中大和厦大比较，中大较易发展，有希望，因为交通便利，民气发扬，而且政府也一气，又为各省所注意的新校"（《两地书·六五》，《鲁迅全集》第11卷，第185页）。革命的憧憬加上爱情的魅惑，几经犹豫的鲁迅，终于在"研究而教书"或是"作游民而创作"（《两地书·六五》，《鲁迅全集》第11卷，第233页）之间选择了前者。

意在革新的中大当然有着众多意在革新的学子。"新文学主将""思想权威""青年导师"鲁迅到来的消息甫经传来，便不胫而走，激起学生的种种想象——

图4　鲁迅与许广平的合影

鲁迅先生要来啦，一个思想界的叛徒！

名作家鲁迅先生就要来啦！《阿Q正传》的作者，到一处烧一处的火鸦！

鲁迅先生总算到我们学校来了。可不知他的个子怎样，风采如何？

那还不是个人么？我很知道他，一定是有两个眼睛，一个鼻子，一张嘴巴，两个耳朵，一双手，一双脚的。不信，不日瞧瞧看罢！

一个英雄，一个豪杰，总有些跟人不同的地方；一个名作家，思想的叛徒，定是如此。不信，日后瞧瞧看罢！

种种猜测到了 1 月 25 日的欢迎会上终于尘埃落定，原来鲁迅"个子很小也很矮"，眼睛却"尖锐而又慈和"，但他的演讲震荡了学生的心灵——

> 人家说广东是可怕的地方，我以为一点奇怪都没有。说赤化吧，红的东西，也不大见。列宁的电影，工会的组织，外面虽没有，但这并不稀奇，这原是很平常的现象。
>
> ……到广州来不过一个礼拜，没有看见什么，但是我以为广东还是个旧社会，跟其他的旧的社会，并没有两样。新的气象，不大见得。
>
> ……只见中山先生的照相，不见画像，多奇怪。至于文艺出版物的稀少，完全不像革命策源地的样子，这除了"懒"，再没有旁的理由了。
>
> ……广东实在太平静了，我们该是找刺激去! 不要以为目的已达，任务已完，像民元革命成功时说的可以过着很舒服的日子!

鲁迅的演讲确实是"到一处烧一处的火鸦"风格。短短的二十分钟演讲，便把书斋的生活投向广阔的社会，把身处象牙塔的学子的目光引向十字街头，又与时代的风潮紧密联系，也涉及社会和文艺的批判。学生的激动情绪可想而知。演讲结束之后，他便被"学生包围起来，问这问那，使他困处人海中，不能够举行寸步"（清水:《我忆念到鲁迅先生》，《鲁迅研究资料》第 1 辑，北京: 文物出版社，1976 年，第 228—233 页）。

其实在演讲之前，欢迎会的主持人朱家骅便赠与鲁迅"革命

图5 左为版画《横眉冷对千夫指》，右为鲁迅在照相馆的留影

家""战士"的名衔，虽然鲁迅对此表示不安，但他来中大的目的是兼及"治学"和"革命"、"学校"和"社会"、"教书"和"文艺"的。他说"只要中大的文科办得还像样，我的目的便达到了"（《两地书·一〇五》，《鲁迅全集》第11卷，第268页），"到中大后，也许不难择一并不空耗精力而较有益于学校或社会的事"（《两地书·七九》，《鲁迅全集》第11卷，第215页），"为社会方面，则我想除教书外，仍然继续作文艺运动，或其他更好的工作"（《两地书·八三》，《鲁迅全集》第11卷，第226页）。在鲁迅看来，中大的新风和中山先生遗留的革命传统，使中大和他的人生都创立了一个新的局面。

在3月1日的开学典礼上，鲁迅作为教务主任作了《读书与革命》的演讲，又写作《中山大学开学致语》（见《鲁迅全集》第8卷，第195页），表达他对总理遗志和中大使命的理解：

中山先生一生致力于国民革命的结果，留下来的极大的纪念，是：中华民国。

但是，"革命尚未成功"。

为革命策源地的广州，现今却已在革命的后方了。设立在这里，如校史所说，将"以贯彻孙总理革命的精神"的中山大学，从此要开始他的第一步。

那使命是很重大的，然而在后方。

中山先生却常在革命的前线。

但中山先生还有许多书。我想：中山大学与革命的关系，大概就等于许多书。但不是死书：他须有奋发革命的精神，增加革命的才绪，坚固革命的魄力的力量。

现在，四近没有炮火，没有鞭笞，没有压制，于是也就没有反抗，没有革命。所有的多是曾经革命，将要革命，或向往革命的青年，将在平静的空气中，度着探求学术的生活。但这平静的空气，必须为革命的精神所弥漫；这精神则如日光，永永放射，无远弗到。

否则，革命的后方便成为懒人享福的地方。

中山大学也还是无意义。

不过使国内多添了许多好看的头衔。

结末的祝词是：我先只希望中山大学中人虽然坐着工作而永远记得前线。

这篇演讲词重申了"革命尚未成功，同志仍须努力"的总理遗志，并张扬中山先生"站出世间来就是革命，失败了还是革命"

（《中山先生逝世后一周年》，《鲁迅全集》第 7 卷，第 305 页）的继续的革命精神。对于处身校园的中大学子而言，所需要做的就是像中山先生主张的那样，处理好读书与革命的关系——读书不忘革命，做革命军的根本，还在高深的学问。鲁迅以为"中山大学与革命的关系，大概就等于许多书"，希望"在平静的空气中，度着探求学术的生活"的学子，不要读"死书"，不要丢弃革命精神，要"虽然坐着工作而永远记得前线"。此后，在 3 月 29 日由中大政治训育部编辑出版的《政治训育》上，鲁迅发表了《黄花节的杂感》，仍指出"革命无止境，倘使世上真有什么'止于至善'，这人间也便同时变了凝固的东西了"。为此他奉告中大青年，纪念革命先驱不只是在纪念日演演戏，热闹一番，而是"第二天，元气恢复了，就该加工做一天自己该做的工作"（见《鲁迅全集》第 3 卷，第 428—429 页）。

鲁迅在中大开设的课程不少（见《国立中山大学开学纪念册》，1927 年 3 月），计有：

文史科选修科目：

文艺论　三小时　选修学生 204 人

文学系中国文学组必修科目：

文艺论　三小时　学生 204 人

中国文学史（上古至隋）　三小时　学生 50 人

中国小说史　三小时　学生 79 人

文学系中国文学组选修科目：

中国字体变迁史（暂缓开始）　三小时

英国文学组必修科目：

文艺论　三小时　学生 204 人

　　这些课程涵括文史数科，向中大学子传授从文学史、字体史到文艺理论多种知识。但从最受欢迎的程度来看，还是"文艺论"一科，计必修和选修共有数百学生听课，加上许多爱好文艺的青年要求旁听，终使课堂不得不搬到大礼堂去（许涤新：《鲁迅战斗在广州》，广东鲁迅研究小组编：《论鲁迅在广州》，1980 年，第 305 页）。

　　学生喜爱"文艺论"一科，是因为这门课程的内容包含许多新文艺思想，同时，贯穿着革命文艺的精神。它参考了厨川白村的《苦闷的象征》、本间久雄的《新文学概论》、瓦浪斯基的《苏俄的文艺论战》等新近的文艺新思想，而为学生广泛关注。其实鲁迅在中大课堂上传播文艺新思想，也与发扬中山先生的革命精神密切相关。一年之前纪念中山先生逝世一周年，鲁迅发表《中山先生逝世后一周年》，末尾就写道："托洛斯基曾经说明过什么是革命艺术。是：即使主题不谈革命，而有从革命所发生的新事物藏在里面的意识一贯着者是；否则，即使以革命为主题，也不是革命艺术。中山先生逝世已经一周年了，'革命尚未成功'，仅在这样的环境里作一个纪念。然而这纪念所显示，也还是他终于永远带领着新的革命者前行，一同努力于进向近于完全的革命的工作。"（见《鲁迅全集》第 7 卷，第 306 页）

　　作为新文学家而又身任大学教授的鲁迅，他以文艺沟通校园和社会的意识相当明显。从大胆尝试的角度，他鼓励中大青年"不要旁观，不要怕幼稚，也不要怕人家的咒骂。……文艺这个东西，只要说真话，总是可以存在的"（清水：《我忆念到鲁迅先生》，《鲁迅研究资料》第 1 辑，第 232 页）；从积极介入的方面，他希望青年要喊出声来，以打破"无声的中国"："在现在，青年们有声音的，应该喊出来了。因为现在已再不是退让的时代。因为说话总比睡觉好。有新思想的喊出来，有旧思想的也喊出来，可以表示他自己（旧思想）之快将灭亡。顶怕是沉静不作声，以致新其衣裳，旧其体肤。"（坚如记录鲁迅在中大的演讲，见《欢迎了鲁迅以后——广州青年同学（尤其是中大的）负起文艺的使命来》，《鲁迅研究资料》第 1 辑，第 205 页）

鲁迅"革命的思想，再用他天才的文学手腕表达出来"（一声：《第三世界的创造——我们所应欢迎的鲁迅》，《鲁迅研究资料》第 1 辑，第 208 页），对中大学子充满了吸引力。至此，"广州青年对于研究文学之热望，甚为炽盛"，中大学生周鼎培等联合广州文学社，创办南中国文学社，出版《南中国》刊物，"由鲁迅、孙伏园诸先生等提挈一切"，并召开茶话会，"由鲁迅先生将研究文学之经过、文学途径、研究方法及国内文坛近况，详为讲解。同座至为欢洽，多方问难，得益颇丰"（《南中国文学社之组织》，广州《国民日报》1927 年 3 月 16 日）。另一份由中大学生毕磊主编的刊物《做什么》，更以中大青年要负起文艺使命为副题，作《欢迎了鲁迅以后》的文章：

> 鲁迅先生是被欢迎过了！你是因拜读过大著而要瞻仰风采吗？鲁迅先生又没有你爱人那么漂亮。只为瞻仰风采而欢迎是无甚意义的。重要的意义，是在负起我们的文艺使命来，在西

图6 今围绕大钟楼设置的长椅上，刻有鲁迅语句

南的园地上开发几朵灿烂的鲜花。

　　文艺的使命是要大家担负的。这使命不能负在鲁迅先生背上，鲁迅先生只能"托一把"；这使命也同样不能负在一个两个文艺同志背上，有文艺嗜好的同志，必须联合起来，联合呼喊，声音才得洪亮，沙漠才得热闹。

　　骆驼是任重而道远的，我们便应该做文艺沙漠上的骆驼。

　　鲁迅在中大，确实为中大青年点燃了一把火。但随即"四一二事变"发生，鲁迅营救被捕学生未果，加上日趋复杂的人事关系，他终于在4月29日辞去一切职务。鲁迅在中大不过百余日，但参与校务、学生、社会活动众多，留下了不少文化和精神上的纪念。离开中大的鲁迅并未遗忘他所短暂生活的这个地方，尤其没有忘记曾与接洽的文艺青年。《怎么写——夜记之一》便忆及中大被捕遇害

图7 中山大学南校园鲁迅雕像

的文艺青年毕磊和中大革命文艺刊物《做什么》等;《在钟楼上——夜记之二》,虽然含着一种记忆的苦涩,末尾仍然说出了"在一个最大的社会改变的时代,文学家不能做旁观者",他依然怀念那些碰死在自己所讴歌希望的现实上的革命诗人,因为"他们以自己的沉没,证明着革命的前行。他们到底并不是旁观者"。(见《鲁迅全集》第4卷,第36页)

　　作者1988年入读中山大学中文系,毕业留校,现任《中山大学学报》副主编、编审。

文理兼精　旷世奇才

——记黄际遇教授

黄天骥

　　1940 年的 11 月 11 日，中山大学校庆。那天，人们齐集到时在粤北坪石的校本部，看到大门口贴着一副醒目的对联：

　　十有一月，旬有一日
　　礼仪三百，威仪三千

　　师生一见对联，无不交口称誉。在这里要说明的是，新中国成立前，中山大学以孙中山先生生辰 11 月 11 日为校庆日。上联所谓十有一月，旬有一日，"有"，通"又"。十又一，即十一月；而十日为一旬，旬又一，即十一日。至于下联，典出《中庸》，它阐释孔子要求学生对待人生和事物，既要礼节精微，又要心胸阔大，达到道德和行为的最高境界。

图 1 黄际遇先生（1885—1945）

这副对联，写得简练典雅，既贴切地点明校庆的日子，又概括了大学办学的宗旨。让人惊叹的是，它竟是出自数学天文系主任黄际遇教授的手笔。可惜，1945年抗战胜利，临时搬迁到坪石继续办学的中大师生，坐船经由水路返回广州。一路上，大家兴高采烈，意气风发。谁知船过清远，黄教授到船舷解手，一不小心，坠入江中，不幸溺水身亡。

时世变幻，白云苍狗，黄际遇教授的事迹，也渐渐被人遗忘。其实，在新中国成立前，黄际遇教授是学术界名闻遐迩的大学者。如果说，在广州解放后，中山大学的传奇人物是陈寅恪教授；那么，在新中国成立前，中大的传奇人物就是黄际遇教授。这两位大师早就结识，陈先生还送给黄先生一本诗集，作为以后相会的见证。但是，他们两位却再没有在康乐园聚首的机会。

黄教授身后，除了留下《黄任初先生文钞》（国立中山大学出版组，1949年）、《畸盦数学论文集》（编者注：本书似未及印行）等著作外，还有多达数十卷的日记，经黄际遇教授的孙女黄小安女士整理为《黄际遇教授日记类编》一书，由中山大学出版社出版。日记全用文言写成，有时简约畅练，有时骈散兼备，其中不少是流丽典雅的骈文。看得出六朝辞赋，西汉文章，他均烂熟于胸，可以信手拈来，随心驱使。在早年，他参加过孙中山的同盟会，以科学救国为己任。在抗日战争时期，他看到山河破碎，悲愤不已，家国情怀，蕴积于胸。在日记里，他记录了许多珍贵的史料，也让我们看到民国初年和抗战时期，学坛中许多知识分子的思想状态和生活方式。所以，日记虽然是文绉绉的，却又是活生生的，是一部如诗如史的典籍。

数学元老，骈文泰斗

黄际遇是广东省澄海县（现为汕头市澄海区）人，出身望族，诗礼传家，十四岁即参加科举考试，成为同试中年龄最小的秀才。

当时，风气渐开，清政府开始派遣一些青年才俊出国，学习科学知识。黄际遇在十八岁的时候，被广东官派到日本留学，专攻现代数学，成为日本数学家林鹤一（1873—1935）博士的高足。可以说，他是我国最早专攻西方数学的留学生之一。回国后，他立刻从事数学、物理学科的教学科研和组织工作。到1920年，他受当时教育部的委派，到美国考察和进修。两年后，又获得芝加哥大学数学硕士学位。

黄际遇教授的一生，主要从事理科特别是数学、天文学科的教学科，以及从事在全国范围内组织、推动科学发展的工作。他担任过山东大学（原称青岛大学）、河南大学、武汉大学等多所著名高校的理学院院长，发表过高质量的数学教材和译著、论著。译著有《高等微积分》《近代数学》（美），《几何学》《代数学》（日）；论著有《论一》《Gudermann 函数之研究》《定积分一定理及一种不定积分的研

图2　黄际遇书法，汕头博物馆藏

究》等多种。除教学和科研之外，他还担任《数理学会》杂志的主编，奔走各地，呼吁成立并亲自操持各种数学研讨会，在促进我国现代数学学科的发展方面，起了重大的作用。因此，他被公认为卓越的数学家和开创我国现代高等数学教育事业的元老。

　　黄教授在山东大学担任理学院院长时，闻一多先生任文学院院长。那时，文学院有杨振声、梁实秋、游国恩、沈从文等名流。而当闻一多辞去文学院院长一职时，人们竟推举了黄际遇教授兼任，

16

他也不负众望，双肩并挑，胜任愉快。更令人意外的是，后来他在中山大学任教时，除了在数学天文系讲授主要课程，还常到中文系开设"骈文研究""说文解字"等课程，并且受到广大学生的赞誉。学生们说：黄教授讲课时，板书多用篆体，而且写得飞快，他认为文科学生，应能掌握比较艰深的字体。当讲到入神时，他往往晃动身躯，微闭双目，声音抑扬顿挫，让同学享受到骈文的节奏和声调之美。因此，每当黄先生上课，屋里总是挤满听众，座无虚席。

非关病酒，不是悲秋

早在 1922 年，黄教授已在中山大学的前身，即广东高等师范学校任教，后来北上，辗转在华北华中各地名校任职。到 1936 年，他又回到中山大学工作，直至 1945 年去世。

在这之前，黄际遇在山东大学工作长达五六年。到 1936 年，军阀韩复榘故意大量削减山大的办学经费。中原动荡，国事蜩螗，他便决然南归，到中山大学任职。在离开青岛时，他心情郁悒。在南下的日记中，他写道："今大学讲师，无能背诵《大学》章句者矣。"而那些"管政之夫，嚣世之士"，即那些管理政务的官吏，和嚣张狂妄哗众要宠的人，倒能对孔孟的章句倒背如流。不过，这些人只是夸夸其谈，讲的一套，做的又是另一套，"于己则检防俱裂，帷薄不修"，他们对自己毫不约束，破坏法规，生活腐败，财路不明。结果弄得政局败坏，民不聊生。

这位名教授能回到家乡工作，中大师生自然十分欢迎。校长院长，新朋旧友，纷纷邀请欢叙。当时校长黄巽，特地邀请他到大三

图3　黄际遇五秩留影。罗玉君摄于青岛

元茶楼用餐：这著名的百年老店，"点心可口，粉面宜人，小饮盈樽，旷怀千里"。校长尊重人才，移樽就教，他很是感激，"相于雅意，春水俱深"。中国知识分子素有"士为知己者死"的传统，后来，黄教授慨然长期留在中大工作，不辞劳苦地奔波于理学院和文学院之间，这和主事者对他的诚恳和礼遇有关。

这一段，黄际遇经常和理、工两院的同仁把酒言欢。本来，在山东大学工作时，他便经常和梁实秋等一起豪饮，人称他与杨振声、闻一多等人为"酒中八仙"。据梁实秋说："任初（黄际遇的别字）每日必饮，宴会时捭战兴致最豪，嗓音尖锐而常出怪声，狂态可鞠。"

在广州，在中大，黄际遇教授虽然有许多应酬，但教学工作非常忙碌。在理学院，他要连续开设"群论""实用数学""代数数论"诸课。为了提高教学质量，在课后，他还反复思考，往往独自在宿舍演算，直到深夜。同时，他和在山东大学一样，还到中文系兼讲"骈文研究"等课程，即便在"星期末日，授得特多，工、理已完，复开文馆，古今上下，驰骋万言"。有意思的是，身为数学天文系主任的他，却很喜欢到中文系上课，他曾说，"（数天系）系主任可以不当，骈文课不可以不讲"。当时，中大中文系名师如林，像词学名家陈洵、文史名家古直等，都在该系任职。而黄际遇这位数学大家，给中文系学生上课时，教学效果极佳，以至于当时传说：中文系主任龙榆生十分感慨说：是"数学系夺去其文学系名教授一人"。

黄教授对教学工作极其负责，往往站着一讲就是三个小时，有时上午讲了一门课，下午又接着讲另一门课。当他主持骈文的考试时，在学生"纳卷之际，一一评阅，并令侍侧，随笔改正，莫不心悦"。这种手把手式的教学方法，如果教师没有负责的工作态度，自身没有高度的创作水平，是不可能做到的。其实，繁重的教学工作，也让他筋疲力尽。在日记里，他也曾感叹："毕二课，已浃背矣，真血汗钱也！"又说："自朝达晡（黄昏），役役课徒，甚惫矣。"

在清末，黄教授景仰孙中山，希望建设民主社会。可是在中华民国成立后，看到的却是军阀混战、官吏争权夺利混沌不堪的局面。因而不少立志于专心治学的学者，包括黄教授在内，无法辨别方向，往往采取独善其身的态度。当年山东大学，学生分为两派，闻一多先生就因支持其中一派而辞职。黄际遇接任文学院院长后，左右为难，过不了几个月，他也伺机离开了是非之地。到了中大，听说山东大学又闹学潮，"胶庠学潮澎湃"（胶，山东；庠，大学)，便"以余不亲其役为幸"。当夜深人静，他反复思考，觉得中大"纵非空明世界，自非角逐之场，片席为妥，诸缘便了"。其实，当时的中大，真不是"空明世界"，各种思潮也此起彼伏，但他决心不卷入，不议论，拒绝一切社团的邀请。他当着一些比较亲近的学生的面，烧毁各种社团的邀请信件。劝勉他们一心向学，心无旁骛。而他自己，有空则读诗书，上馆子，下象棋，把中大当作避世的桃源。

不过，黄际遇真的是不问政治吗？非也。例如1936年4月28日，他听说南京有人写了一副对联："孙氏骸骼陈氏客，蒋家兵马宋家军。"黄教授在日记中，记下了这副含蓄讽刺国民党和"四大家族"的对联，还记述当局"为之三日大索，一夕数惊"的怪事。那一夜，他辗转反侧，叹息："索居多感矣乎！"显然，他对那种色厉内荏、动辄兴师动众扼杀舆论的做法，十分不满。

黄教授一直关心国计民生，当他回到广东，不久便发现这里表面繁荣，其实弊病丛生。他写道，在他老家潮汕，治安不好，物价飞涨，"秋农来述：汕头生事，市面不靖，此旬币跌物贵"。而在广州，"石牌素为盗薮，亦非乐土"。他叹息："谓天盍高，逢此硕鼠，谓之何哉！"所谓"硕鼠"，指的是盘剥老百姓的贪官污吏。天下乌鸦一样黑，不要以为天高皇帝远的岭南，便可以安居乐业了。到1936年秋天，连月无雨，"旱魃为虐，老农吁息"，在客家地区，"尤甚不稔"。黄教授慨叹："谚云：一农败百商，非邑车龙马水衮衮诸

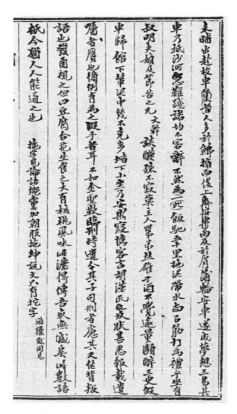

图4　黄际遇先生日记

公所及知也！"确实，在大城市中锦衣肉食之辈，哪里知道民间疾苦？那时，他又收到老舍先生的来信，信中说到在其母在八十寿辰时，"国破家贫，所以没有治筵请客"。黄教授立刻写了一副对联，宽慰老舍，而自己情绪则十分低落，他写道："作联本以遣兴。"但国难当头，朋辈困窘，所以"梦中扰扰"，"治心工夫无一可言，只益惆怅耳！"他也很明白，当时内忧外患，国民政府束手无策，而且"豺狼当道，于今尤烈"，老百姓自然生活在水深火热之中。

家国情怀，正直狷介

1936 年年底，日军已进占华北。曾在青岛工作多年的黄教授，特别关注那里的消息。他在日记中记载了有关情况："三日来报，倭犯青岛，陆战队登陆逾千人，检讯（检查侮辱）行人，有被捕者。五日突驰李村水源，冀握全市饮水嗌喉。夜市早闭，沧口居民，迁者甚多，呜呼！"他又指出："鲁（山东）以相忍为国久矣，实逼处此为视囊中。"他惦挂青岛同胞的苦难，认识到当局一味采取忍让退缩的政策，致使山东成为日本侵略者囊中之物。忧愤之情，溢于言表。

1937 年发生"七七事变"，抗日战争全面爆发。战火虽然还未到广州，但黄教授一直关注战局的发展。那时，日寇步步进逼，我军不断失利，而报道却说："上海电：浏河一战尚在激战，连日血战均有死亡。"黄教授对当时舆论报喜不报忧的做法，十分不满，他认为"是或为不利之讯，而讳言之"。因为他深知国民政府管制舆情，"今日凡百事业，概归统制音台公电"，他担心："诚恐有欲以一手掩尽天下耳目者。"他又记："日报来'克复保定'，字大如斗，然人多不知保定已失也。"可见，当时像黄际遇这类知识分子，对时局并非没有自己的判断，但一介书生，无路请缨，只能是忧心忡忡，坐困愁城。

据黄教授的日记记载，广州第一次被日寇空袭的时间，是 1937年的 8 月 31 日。那天早上，市民忽然看到有两架飞机，一时间，市区大乱，"竞相闭肆"。当晚报载，敌机"空袭白云山，投弹数枚，死厨役一，伤二人，又在士敏土厂上盘旋，未得逞"。从此，广州差不多每天都被空袭，在 9 月 26 日，"大学亦被弹数处，海珠桥火毁，只堪通人，惠爱东街、永汉北路，火亘日中，十八甫亦不免，东山特惨，阖城死伤者及千。真弥天之祸也！"其后敌机愈来愈凶猛，有一次竟"落弹百五十余，圮屋六百余间，毙六百余人，伤九百余口"，"东山、荔枝湾、河南、北城、市政中区，罹难殆遍"。黄教授非常悲愤，也很坚定，他认为日寇空军"据高肆焰，何求不得"。但是，"吾何畏彼哉！"

当时中大经费短绌，黄教授只能"领薪水七折"，而他教学热情依然高涨。由于日寇军机肆意轰炸，中大各学院，只好分散上课，除工学院依旧在五山外，文学院回旧校址（文明路），法学院到附属中学，理学院到小学。黄教授要为理、工、文三学院授课，便在警报声中，来回往返于市区、郊区之间。他也抓紧时间读书，敌机来时，他便"袖《通鉴》一册，遁于丛薄之际，攀柏入穴"，躲在防空洞里翻阅书史。

黄教授很敬佩敢于抗日的英雄。当他听到在上海保卫战中，黄光锐空军少将率领战机，"击落敌机三十四，光锐击其三焉"。他知道黄光锐是广东揭阳人，"论功为最，外御其侮，国人爱之"，并为同乡有此勇士感到自豪。在日记中，他还根据当时的传闻记录了南开大学校长张伯苓之子张锡祜为国牺牲的情况。

在近现代，中国不少知识分子，不乏家国情怀，可是，中国向何处去？许多人未认识得清。他们不满国民党政府腐败无能，蒋介石独裁专制，却又没有下决心投身革命的洪流中，于是只求兢兢业业做学问，苟全性命于乱世。这时候，所谓魏晋风度那种狷介的处世哲学，往往会渗入这类知识分子的骨髓之中。在国家危难之际，黄教授表面上风度翩翩，镇定自如，依然饮酒品茗，有时终夜下象棋，订棋谱，甚至在日机空袭时也邀人对弈。实际上，他是内心郁闷，借棋解忧。在日记中，他写道："有棋可弈，忘却一切，人云饱受虚惊，我却漫无所觉，岂不善哉！"所以，疏狂狷介的外表，只是忧国忧民的另一种方式，是当时有正义感而又无力反抗现实的知识分子典型的表现。

"时穷节乃见"，在广州即将沦陷的前夜，黄教授不甘充当顺民，便赴香港避难。1940年中大从云南澄江迁回粤北坪石，他即绕过敌占区返校任教，重任数天系主任，又一次给中文系学生上骈文课。当时，他的学生张云任中大校长。为共济时艰，黄教授毫不计较，竟还兼任校长秘书一职，协助自己的学生处理校务与公私信函，直至不幸逝世。

余生也晚，没有机会见到这位有骨气而没有傲气的先辈。但是，"物以类聚，人以群分"，看一个人喜欢和哪些人结交，也大致可以知道他的人品。黄教授在日记中，常提到黄海章老师，说他学问很好，沉默寡言，唯独他俩在一起散步时，则"谠论生风"。际遇先生还以鲜有的口吻赞美海章先生："君子哉！尚德哉！若人有之，是以侣之，不言之芳，他山之石。"认为有幸和黄海章这位品德高尚的君子结交，对自己有莫大的帮助。

黄海章教授正是我的老师，我从求学至留校任教，一直得到海章师的谆谆教诲。老一辈的中大人，也都知道他学富五车，严肃认真，狷介不阿，品德高尚，其品格，确实如黄际遇教授之所言。而从他和海章师相知之深，情谊之厚，我们似乎可以见到黄际遇教授的侧影。

作者1956年毕业于中山大学中文系，留校任教，中国古典戏曲研究专家。现为中山大学中文系教授。

邹鲁：石牌精神的奠基者与开拓者

李小梅

　　1924 年 2 月 4 日，孙中山先生为了加速革命和建设人才的培养，以大元帅名义下达两道命令：一是"将国立高等师范、广东法科大学、广东农业专门学校合并改为国立广东大学"；二是派邹鲁为国立广东大学筹备主任，同年 6 月又下令任命邹鲁为国立广东大学校长。邹鲁校长两度主长（即执掌——编者注，下同）中山大学，第一次是 1924 年创建学校至 1925 年 11 月，第二次是 1932 年 2 月至 1940 年 4 月，历时十年。在中山大学草创期间，他做了许多开创性的工作，特别是石牌校区的建设，他呕心沥血，以超人的胆识与气魄在灾难深重的旧中国，在外族入侵、风烟乍起的危难之际，他一如既往，追随中山先生，为完成先生的遗愿付出了极大的心力。邹鲁校长为中山大学开放包容的思想文化、规范管理的制度文化、别具一格的建筑文化等奠定了基础，对中山大学的发展做出了巨大贡献。

图1 邹鲁先生（1885—1954）

邹鲁（1885—1954），广东大埔县人，1905年加入中国同盟会。二十五岁毕业于法政学堂，受聘于粤商自治会教书。二次革命失败后，入日本早稻田大学学习，加入中华革命党，一生追随孙中山革命，深受孙中山器重，曾任命他为大总统特派员。邹鲁对办学有浓厚的兴趣，十九岁曾在家乡试办乐群中学，1906年在广州创办潮嘉师范学堂，积累了丰富的办学经验。

一、确立本科意识，创建大学规范

早在1923年11月，孙中山下令将广东高等师范改为国立广东大学，并任命邹鲁为校长，邹鲁为"专心教育"，呈请孙中山免去他广东省财政厅长职务，得到了孙中山先生"热心教育，至足嘉善"的嘉许。在中国教育史上不做高官做校长的人不多，但中山大学就有两位，另一位就是冯乃超。1924年1月，在中国国民党第一次代表大会上，邹鲁当选为中央执行委员，兼青年部部长。由于他有办学经验，并有处理复杂事务的才干，中山先生把筹建国立广东大学的重任交给了他。先生十分赞同邹鲁"教育为神圣事业，人才是立国大本"和"大学为最高学府，经费尤应充裕"的观点，给予广东大学极大的支持。

1924年正值国共两党第一次合作之际，国立广东大学筹备委员会集中了当时国共两党、革命政府和教育界的名流，孙中山先生对他们寄予了厚望。邹鲁经常向孙中山先生汇报广东大学的工作，先生也随时了解情况，制定相应的法令和采取相应的措施。筹备处成立，首先制定了《大学筹备处之组织》大纲共十条。为健全学校体制和加强统一管理，根据孙中山《大学条例》八条规定，8月22日制订了《国立广东大学规程》，这是广东大学最早的规程，于当年9月1日开始实施。在筹备和建设国立大学的过程中，还建立了各种组织规程、教学规章等。在邹鲁筹备国立广东大学不足半年就通过了八十八件决议案，许多章程都是在没有任何可参考的情况下创建的。1932年他重任中山大学校长，就组织修订《国立中山大学组织大纲》。一切照章办事，重视规范化管理，在当时是邹鲁主长国立中山大学的重要治校方略之一。

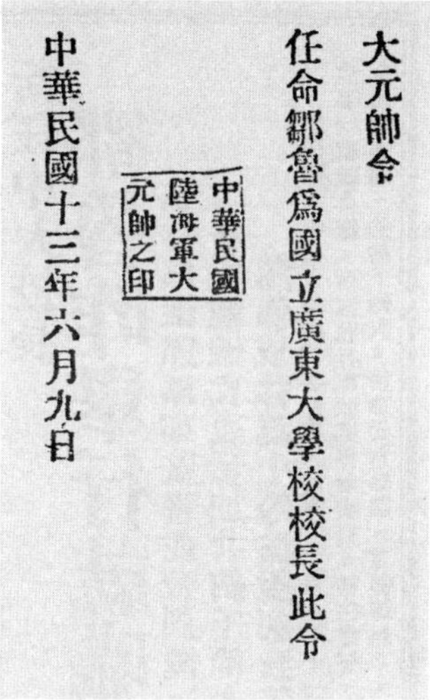
大元帥令
任命鄒魯爲國立廣東大學校校長此令
中華民國陸海軍大元帥之印
中華民國十三年六月九日

图2 孙中山任邹鲁为国立广东大学校长的大元帅令

大力进行学科改造和专业建设，使国立广东大学一开始就具有了真正意义上的本科意识。邹鲁在接管三校的同时，根据筹备处组织大纲，大力进行改组和学科建设，将国立广东高等师范学校改为文科和理科，广东法科大学改为法科，广东农业专门学校改为农科（1925年广东公立医科大学并入国立广东大学，改为医科）。由于以往的课程比较陈旧，专门成立六个委员会研究各科系的课程设立和设备建

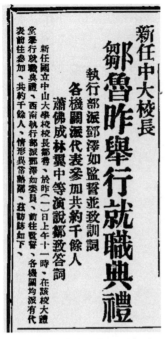

新任中大校長

鄒魯昨舉行就職典禮

執行部派鄧澤如監督並致訓詞

各機關派代表參加共約千餘人

蕭佛成林翼中等演說鄒致答詞

新任國立中山大學校長鄒魯、於昨(一)日上午十一時、在該校大禮堂舉行就職典禮、西南執行部派鄧澤如委員、前柱暨辦、各機關均派有代表前往參加、共約千餘人、情形異常熱鬧、茲訪誌如下、

图 3 1932 年 2 月 1 日，邹鲁第二次就任国立中山大学校长

设。1924 年 6 月，邹鲁准备招生，他呈文孙中山提出："目前工科深切实用，只以尚无相当程度学生，故先招预科。"1924 年 8 月，邹鲁呈报孙中山："谨将议决之国立广东大学规程，国立广东大学特别会计规程、国立广东大学预科各组、本科各系课程，备文呈报鉴核。"从内容上可以看出，筹备处是以正规本科大学模式创办国立广东大学。在邹鲁等专家学者的共同努力下，在不足半年的时间，国立广东大学就实现了筹备、建校和正式招生。学校正式成立后，为了体现"以灌输及研究高深学理与技术，并因应国情，力图推广其应用"的宗旨，各项工作锐意革新，各项规章制度陆续建立，从组织制度、学制和科系、课程设置，到教职工的聘用与待遇、学生管理制度等都相应建立，使学校快速步入正规化大学的建设中。

二、瞄准前沿学科，延揽学术人才

办大学关键是师资，在孙中山先生的大力支持下，邹鲁从筹备处开始就努力向国内外延揽人才，仅国立广东大学筹备处的 35 位人员中就有 31 位有国外留学经历。从担任广东大学筹备主任开始，他就积极聘请国内外饱学之士，到 1924 年 7 月，聘请的著名学者哲学有张真如（英美两国哲学博士）、生物学有费鸿年、国学有谢无量、理科有周鲠生、皮宗石，教育学有许崇清，经济学有周佛海，还有萧诚、王雪艇、黄国华、梁龙、马洪焕等。1932 年 2 月至 1940 年 4 月，邹鲁再次出任已改名的国立中山大学校长，2 月 1 日宣誓就任，即抓紧延聘学有专长学者来校担任教授之职。他一方面亲自电函挽留一批离校不返的教授，一方面聘请新教授，经他亲自挽留、聘请的教授有：沈刚伯、周谷城、朱显桢、杨东、梁伯强、黄枯桐、罗赝中、张作人等，并陆续到校任教。知名教授和学者纷纷来校应聘，使学校的革命气氛十分浓厚，教学与学术活动十分活跃，使国立中山大学面貌日新月异，一跃成为华南第一所由国人自己创办的多科性最高学府，并一直保持至今。

如此敦请教授，招揽人才，成为学校每学年的常务工作。经邹鲁敦请、续聘的教授，绝大部分都学问渊博，在国内外甚有影响，为中山大学的学科建设、学术研究做出了巨大贡献。不少学者在中华人民共和国成立后，陆续当选为中国科学院各学部委员（院士），如陈焕镛、梁伯强、丁颖、罗宗洛（中央研究院首届院士）、朱洗、斯行健、乐森、孙云铸、杨遵仪等；周谷城后来则为全国人大常委会副委员长。

1935 年，教育部核准：清华大学、北京大学、中山大学三所国立大学成立研究院，校长邹鲁兼任中山大学首届研究院院长。研究院下设三个研究所：文科研究所（内分中国语言文学部、历史学部）由文学院的文史研究所改设，文史研究所前身语言历史学研究所成立于 1928 年，由著名历史学家傅斯年、顾颉刚创办，并在其基础上

图4 邹鲁（左六）与同仁在中山大学校训刻石前合影

成立了全国性的中央研究院历史语言研究所，是全国之首设。其出版的刊物《语言历史学研究所周刊》和《民俗周刊》（原名《民间文艺》），在语言历史学和民俗学界产生极好的影响。但曾因经费不足停办，邹鲁出任校长后，恢复并改名为文史研究所，1932年聘请文学院史学系朱希祖教授为文史研究所主任。朱希祖立即恢复民俗学会，继续出版《民俗周刊》，并将原《文史辑刊》改为《文史月刊》，继续招收研究生。教育研究所（内分教育学部、教育心理学部），由1928年正式成立的文学院教育学研究所改设，著名教育学专家庄泽宣教授创办，为全国教育研究机构之首创。原所设备齐全，队伍较强大，成绩卓著，创办了《教育研究》月刊，刊印教育丛书，并注重与国外著名教育机关联络，进行合作研究，与欧美、亚洲二十个国家的一百五十多个教育学术团体交换出版物。曾组学术代表团出国考察教育，并被有关国际教育会议指名出席参加。1934年，该所和教育学系被中国教育学会邀请为团体会员。农科研究所（内分农林植物学部、土壤部）是由农学院的农林植物研究所和土壤调查所改设的。农林植物研究所是著名植物分类学专家陈焕镛教授于1928年创设于理科生物系的植物学研究室，成绩显著，蜚声国内外。陈焕镛教授作为中国第一位植物分类学家参加有关国际会议，被选为世界植物命名规律审查会专门委员会中国委员和世界植物分类组执行委员会委员。农学院广东土壤调查所原名农林局广东土壤调查所，1932年移归中大农学院，邹鲁即聘农学院院长邓植仪教授为农学院广东土壤调查所主任。邓植仪教授接任后，即制定《农学院广东土壤调查所组织大纲》，多次组织人力到广东各县开展土壤调查，将调查所得，进行化验土样、分析和统计各县土壤肥瘦程度，整理编印成调查报告，或撰写成研究论文或著作，为政府部门提供利用土地和改良土壤的依据。邓植仪教授更利用寒暑假期外出调查，不仅在广东，还到国内各地，利用参加国际学术会议之便，进行土壤调查或考察，取得十分可观的成绩。土壤学部是全国高校成立最早的土壤学部。研究院的成立，使中山大学一跃成为全国三所研究型大学之一，居于全国名牌大学前沿。

三、筹措办学经费，缔造石牌精神

在灾难深重的旧中国，建立一文一武两所大学，可以说是"艰难的缔造",由于办学经费严重短缺,孙中山通过行政命令解决了部分经费。邹鲁由于曾任财政厅长,了解当时广东财政情况,有些财政款项是他提出,孙中山下令照办的。对于执行不力的,邹鲁就呈文孙中山,保证了经费到位。为了保证经费不至中断并努力扩大办学经费来源,邹鲁会同另设的财政委员会为学校筹措开办经费。邹鲁在合并三校之前,就到农专进行演讲,主要谈了办学经费等问题,随后学生成立了国立广东大学经费运动委员会,竭力宣传发动争取国内外的广泛支持。邹鲁还以青年部部长的身份在第四十次中央会议上提出"争庚子赔款一部分为广东大学经费",争取到二十多万元。之后,在建立石牌校区及中山大学发展的各个历史时期,借助校友等社会力量办学

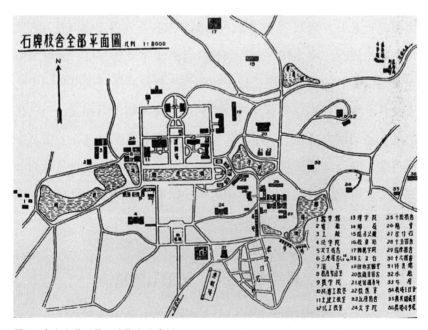

图5　中山大学石牌旧址校舍分布图

图6 邹鲁题写的海外捐资纪念石刻

成为学校一以贯之的光荣传统。我们不能忘记，在第一次的认捐中，孙中山先生认捐了2万元，是最多的义捐者，一年后当人们读到他的临终遗言才知道，那次认捐，先生几乎倾平生之所有。

在筹措资金方面，最艰难的是新校址石牌的建设。1924年孙中山命邹鲁择定广州市东郊石牌为新校址，划定了2718.7亩地，当时由于战事频频，加上财政困难，未能进行规划建设，只能先开辟为农科学院第二农场。1928年广州市政府又划定连接第二农场一带的荒山6000多亩作为国立中山大学新校区的一部分。至1936年，国立中山大学校园面积已扩展至12100多亩（不含林场）。邹鲁第二次执掌国立中山大学，便开始拟定计划，筹备建设国立中山大学石牌永久校址。

石牌新校的建设规模与标准，邹鲁将它定位在"不但求之中国

图 7 国立中山大学石牌校区远眺摄于 20 世纪 30 年代

不落后，即求之世界各国中亦不落后"。根据世界一流标准，邹鲁拟定了一个 6 年建设计划，每两年为一期，共分三期完成全部建校计划。石牌校园的建设经费，部分由政府拨款"先请准西南政务委员会，在广东征收舶来肥料中，加征附加费，指定专拨为新校建筑费之用，计年可得数十万元"，"同时列具支付预算表，分请教育、财政、铁道各部，照案拨给建筑设备费二百五十万元"。但整个建设预算在 2000 万元以上，这巨大的差额，大部分都是由学校"董事会发起举行海内外募捐，分途劝募"，靠向海内外各有关部门和人士募捐筹集。如拟定募捐章程向国内各省政府、广东省各县政府、各商会及美国、加拿大、日本、欧洲、东南亚等地的华侨募捐，凡负担某一建筑物建造费用者，则冠其名以作纪念。也有一部分建校费用是借债，如向交通银行及国华银行借款 60 万元。还有一部分是拍卖校产所得，将旧农学院址及附中校址拍卖。其中的艰辛邹鲁在他的回顾录里写道："当时焦头烂额的情形，真非笔墨所能形容。我曾对学生说，为了筹款，除没有叫人爸爸和向人叩头外可说一切都已做到。

这并非戏言，而是实在的情形。"

第一期工程 1933 年 3 月开始建设，预算建设费用约 200 万元，1934 年 9 月竣工。第二期工程 1934 年 10 月开始建设，预算建设费用约 300 万元，而投标的总建设费为 240 多万元，比预算节约了近 50 万元，1935 年秋竣工。除了医学院及附属医院、附中、附小外，学校全部迁入了石牌新校址。

国立中山大学石牌新校园，占地 1 万余亩，除建筑物外，均为农场。校区建设有长远的规划，布局合理，各学院自成一区，为今后的发展留有充分的余地。石牌时期的中山大学规模宏伟、宫殿式建筑群特具民族风格，在中国及至世界高校史上都是不可多得的大手笔，受到海内外人士的交口称赞。不仅如此，在建筑校舍的同时，"植竹木果树 200 万株有奇，复辟道路至白云山林场，连贯为一。林场种树约 160 余万株，是不特可增河山之美，而资全校员工之修养，亦有足焉。"（见吴定宇主编：《中山大学校史（1924—2004）》，广州：中山大学出版社，2006 年，第 80 页）从而实现

"向来消费之教育，化为生产之教育"的理想。当时流行着"中山大学校，半座广州城"的说法。1937年底郭沫若回校参观，"对邹校长苦心建设新校与夫员生努力迈进，致有今日之伟大成绩，极表赞叹"。更为重要的是，石牌校区巍峨的校舍和宏大的建设规模表现出一种"石牌精神"，邹鲁校长在石牌所立的碑记上刻下"筚路蓝缕，以启山林"，这是艰苦创业的精神，石牌所凝聚的人文精神，成为中山大学文化的重要组成部分，感染着一代代中大人。同时，建筑本身也是一种文化，邹鲁当年要建世界一流学校的宏伟规划虽然未竟，但仍为后人留下了一份宝贵财富，这些劫后余生的建筑至今已成为广东省文物古迹，得以妥善保存，并在教书育人中发挥着重要作用。

作者曾任职于中山大学教育教学评估中心、中山大学高等教育研究所，现任广州新华学院教师发展中心主任顾问。

岑仲勉先生学记

姜伯勤

蒙默先生《蒙文通学记》首篇为《治学杂语》，编辑自蒙先生论学书翰及短笺杂记。今仿此体例，辑录岑仲勉先生治学语录数条，略加引论。

桑兵教授近撰《国学与汉学》一书指出："近代中国学术界名家辈出，形成宋以来学术发展的又一高峰。究其原因，史料大量涌现，承袭清学余荫，沟通域外汉学，当在

图1 岑仲勉先生（1886—1961）

首要之列。"罗志田教授近撰《权势转移——近代中国的思想社会与学术》，论及陈寅恪先生所提出的"今日史学"，"显然意味着民

图2 岑仲勉与妻子合照

国史学在学术典范上的新认同，其区别即正体现在'脱除清代经师之旧染'……而走向'今日史学'这一新的认同的过程中一些过去较少为人注意的面相"。例如，岑仲勉先生的学术理论，就既反映了国学与域外汉学的会通，又表达了"脱除清代经师之旧染"的新的学术规范的认同。

岑仲勉先生以字行，名铭恕，又名汝懋，出生于广东省佛山市顺德区桂洲里村的一户书香之家，父为清末举人，伯父师事陈澧，二兄在北京翰林院供职。先生三岁丧父，十四岁前即已于家乡得受古典教育。弱冠之年，又从二兄游学于京师四年，毕业于北京税务专门学校第一届（1908.11—1912.12）。

《陈垣来往书信集》于1990年出版，而我1986年8月为《中国史学家评传》撰写《岑仲勉传》时，未及参考。今谨据这部珍贵的书信集，对仲勉先生学术传记作一补论。

一、"一个人要咬得菜根，方才能实心教育。"仲勉先生学术生涯的转折点。

1930 年，岑仲勉先生四十四岁，放弃待遇优厚的海关、铁道、财政、盐运工作，而转向清淡的教育工作，1930—1934 年主持圣心中学教务，1937 年 7 月进入中央研究院，时年五十一岁。

1912 年，二十六岁的岑仲勉先生毕业于北京税务专门学校，在上海海关工作，月薪二百四十大洋，后来任两广都司令部财政科科长、三水铁路局局长，待遇优厚。但岑先生毅然放弃，决心向学。1929 年，郑师许氏在《新闻报》发表《我国学者与政治生活》，说到涉足仕途，"或不甘失足而回头愈早的人物，便是学术史愈有深造的人物"（夏晓虹编：《追忆梁启超》（增订本），生活·读书·新知三联书店，2009 年，第 95 页）。陈垣先生、于省吾先生和岑仲勉先生都是完成了这种转变的范例。

30 年代初，仲勉先生经历了学术生涯的一个重要转折点。

1933 年岁首，岑仲勉先生将广州圣心中学校刊第一册通过刘秉钧先生寄呈陈垣先生。这本名为《圣心》的校刊，除载有少量中学教务消息外，其余均为仲勉先生所撰的《课余读书记》。主要内容为《水经注》恒河（印度）注及中西交通史考证，后来多数收入《中外史地考证》一书。

陈垣先生对这位素未谋面的广

图 3 《圣心》校刊第二期，1933 年

东同乡圣心中学教导主任奖掖有加。他将这部《圣心》分送给陈寅恪、胡适、傅斯年等诸位名家。1933 年 12 月 17 日，陈寅恪先生致函陈垣先生说："岑君文读讫，极佩（便中乞代致景慕之意）。此君想是粤人，中国将来恐只有南学……"

三天之后，1933 年 12 月 20 日，仲勉先生收到陈垣先生的来信，于 1934 年 1 月 22 日回信说："奉 12 月 20 日惠书，交陈寅恪手缄，奖誉备至，惭汗交并。"又云："《圣心》业即续寄十部，想早登记室。陈君缄附缴，便祈代达感意也。"陈垣先生奖誉仲勉先生的信今已不见。但当年读过这些信的圣心中学同事马国雄先生，后来曾在香港出版物中回忆道：陈垣先生"遂亲笔致书于岑，其大意则云：寄来圣心校刊……得见尊著……考证明确而精审，珠江流域有此出类拔萃之学人，真可为吾乡扬眉吐气"。

著名中外关系史专家韩振华先生，1948 年顷曾跟随岑仲勉先生治学。1992 年 7 月，我在厦门大学向振华先生谈到前述的故事。韩先生说，当时胡适之先生喜欢研究《水经注》，他也读到岑先生在《圣心》上发表的《水经注》恒水注（印度恒河），也说了赞扬的话。1934 年 1 月 22 日岑先生致陈垣先生函云："惠于文襄手迹乙册，已拜领并谢。内有涉《水经注》者二条，似足证实东原之攘窃公案也。"足证当时《水经注》也是岑先生关心的焦点话题。

总之，1933—1934 年间，仲勉先生得到陈寅恪、胡适、傅斯年等大学者的激赏，终于从广州圣心中学教导主任、上海暨南大学校长秘书兼文书（1934.8—1936.9）、陕西省禁烟督察处潼关事务所职员（1937.4）等职位转变成为中央研究院历史语言研究所（1937.7）研究员。

图 4 工作中的岑仲勉先生

在前述四十一封书札中，我们看到，由于陈垣先生的引荐及陈寅恪先生（中央研究院历史语言研究所历史组主任）的激赏，傅斯年所长 1934 年 11 月在上海约见先生，12 月岑先生又去南京面见。1936 年 9 月，岑先生记"孟真（傅斯年）先生适有书来寄下拙著单行本，傅先生意仍主勉入教育界"。可知其时傅先生虽帮岑先生在史语所发表文章，但对接受其进入史语所仍是犹豫的。1937 年 5 月，傅斯年所长在陕西一火车站约见岑先生，"聘书闻下月乃可发，研究计划须与主任商定。寅恪先生常见否？"可知主任即寅恪先生，则二陈先生在促成此事中作用巨大。

六十年后，当我们回顾陈寅恪先生、陈垣先生、傅斯年先生这些大学问家提携一位中学教导主任进入史语所的过程时，这个情景仍令人十分感动。也应该注意到，30 年代著名的中学教师，也是备受尊敬的职业，吕思勉先生、钱穆先生都曾在江南当过中学教师。

岑仲勉先生五十二岁时从圣心中学教师转变成为史语所研究员，除诸位大家的奖掖外，还与仲勉先生中年崛起的骄人学术成就有关。

二、"仲勉早岁学殖荒落，中年稍振刷，视苏老泉已瞠乎其后。"作为一位自学成才的史学大家，仲勉先生是如何从中年崛起的呢？首先是对清学的继承。劳格"实事求是，多闻阙疑"八个大字是清学中唐史研究学术理性精神的概括。仲勉先生谓徐松《登科记考》三十卷，"搜采极勤，与劳格、赵钺合著之《郎官柱考》同为研唐史者必备之书"。仲勉先生对清学中的唐史学情有独钟：

1. 在清人"实事求是"的实学精神鼓舞下，对《全唐文》、《全唐诗》、金石、文集、姓氏之文、行第、地志做了全面的整理工作。

2. 在清人"实事求是，多闻阙疑"的理性精神鼓舞下，发掘了大量革新人物，如陈子昂、李德裕、王涯等，改变了司马光的一些成说，如对牛李党争问题，指出李氏无党。

3. 继承西北史地之学余绪，对《汉书·西域传》、突厥史、中亚史、中外交通史、元史均有建树。

4. 中年以后三十年间得一千万字，每日坚持写一千字，所以傅璇琮先生盛赞仲勉先生是一位勤勉的学者，极重效率，且天赋极高，又善于利用助手，其经验值得总结。

三、1938年入滇……"八、九月间在昆明青云街靛花巷初与陈寅恪兄会面，渠询余近状，余以拟辑唐人行第录对。"（岑仲勉：《唐人行第录》（外三种）"自序"，中华书局，2004年，第31页）

1933年12月17日，陈寅恪先生致陈垣先生信，略云："岑君文读讫，极佩（便中乞代致景慕之意），此君想是粤人，中国将来恐

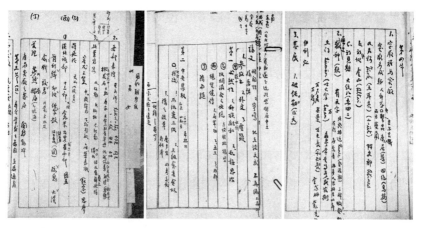

图5　中山大学图书馆藏岑仲勉先生手稿

只有南学，江淮已无足言，更不论黄河流域矣。"（陈智超编：《陈垣来往书信集》，上海古籍出版社，1990年，第377页）

陈寅恪先生《元白诗笺证稿》一书中，曾经肯定了岑仲勉先生的《白集醉吟先生墓志铭存疑》一文，肯定此志乃一伪撰之文，并指出前人因未曾质疑而致解释上"扞格而不能通"（《元白诗笺证稿》，第320页）。岑仲勉先生《〈玉溪生年谱会笺〉平质》有云：陈寅恪兄曾谓"巴蜀游踪之说，实则别无典据"，"遇李回于荆州之说，亦非有佐证"。仲勉先生对此说极为首肯，并著《平质》一文，对冯氏之说"详辟之"（《岑仲勉先生史学论文集》，中华书局，1990年，第496页）。由此可以看出陈寅恪先生学术影响的脉络。

因此，我们可负责任地说，岑仲勉先生早年曾受到陈寅恪先生奖掖和学术影响，尽管在唐史具体论断上与陈先生有所讨论，但一直保持着对寅恪先生的敬重。

四、"沙畹氏著《西突厥史料》……说明东罗马与西突厥之交际，尤于中古之经济、外交史上，惠吾人以价值无比之解释……唐代突厥回纥何为急急以马易帛？历史直未发覆……我国皇华商队远出异域者，自古络绎于途，然卒未有能采访漠北人经营丝绢之事实，供本国参考，而终待沙氏言之……"（《西突厥史料补阙及考证》自序）

1934 年发表《汉书西域传康居传校释》（《辅仁学志》第 4 卷第 2 期），指出了前人将"康居"与"康国"混同的问题。在西北史地研究中，《谈〈西辽史〉书所见》和《〈耶律希亮神道碑〉之地理人事》是有代表性的名篇。仲勉先生一生未能前往西域，然而对《辛卯侍行记》一类游记烂熟于心，因而在西北史地研究中以顽强精神取得了骄人的成果。

五、"吾国学术界流传一错误观念，迄今莫能廓清，致为文化进步之大碍，则所'为贤者讳'是也。"

"然僚友中如董作宾、向达、马元林，则因我的看法，讨论与友谊，应截然分为两事也。"（见《学原》载《关于贾岛年谱的讨论》）

在中西交通史研究中，仲勉先生最早发表的专著为《佛游天竺记考释》（上海商务印书馆，1934 年），向达先生于《大公报图书副刊》撰文表示质疑（1935 年 2 月 28 日）。同年 5 月 23 日有岑仲勉先生答辩及向达先生《答岑仲勉先生》，岑先生又有《〈佛游天竺记〉名称之讨论》，1962 年刊于《中外史地考证》第 151—163 页。

直到 1985 年章巽先生出版《法显传校注》称："《法显传》在历代著录中，有很多不同的名称，如《出三藏记集》卷二作《佛游天竺记》一卷"（第 5 页），"《集神州三宝感通录》卷中及《太平御览》卷六百五十七所引之《佛游天竺记》，其中所载佛上切利天一夏为母说法云云，也和今《法显传》僧伽施国一节中所载者相似。由此看来，《佛游天竺记》和《历游天竺记传》应当即是一书"（第7页）。

六、从《隋唐史》等书看岑仲勉先生的学术影响。

近二十年来，中国学术界中研究唐代文学的杰出学者，对仲勉先生的学术遗产高度重视。

傅璇琮先生在《唐代科举与文学》（陕西人民出版社，1986年，第19页）指出："如岑仲勉先生……有时涉及（科举）这方面的问题所表示的见解，是足以使人启发的。"

图6 《纪念岑仲勉先生诞辰130周年国际学术研讨会论文集》，中山大学出版社，2019年

傅璇琮先生在《李商隐研究中的一问题》中指出："过去有一种流行观点……认为牛党重进士科，代表'寒门'，李党重门第，代表'山东士族'，前者进步，后者落后甚至反动。岑仲勉先生不同意这种观点，在他所著的《隋唐史》《唐史馀渖》《通鉴隋唐纪比事质疑》中曾列举史实，说明上述论点并无材料依据。近些年来，史学家对李德裕则倾向于持肯定的态度。"又在《唐代诗人丛考》（中华书局，1981年，第4页）指出："从资料考据的角度说，岑仲勉先生的书对我尤有帮助。这真是一位勤勉的学者，他的著作中材料的丰富是使人获益不浅的。我觉得，对唐代的研究，史学方面的成绩要

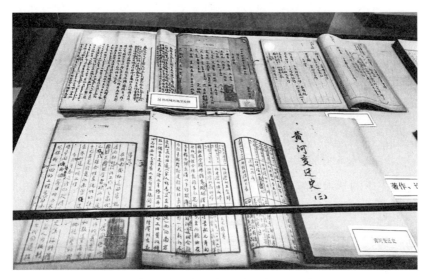

图7　2016年11月28日，中山大学图书馆举办岑仲勉先生手稿特展

比文学方面大得多。"（"史学方面的成绩比文学方面大得多"，这是1978年说的话，二十年后，情况转变，近二十年来，唐代文学方面的成就，如程千帆、傅璇琮、项楚、陈尚君诸先生，其成就值得唐史学研究者刮目相看，应致礼再三，好好学习！）

陈尚君先生最近在《唐代文学丛考》中指出："近人岑仲勉撰《续劳格读全唐文札记》（刊《历史语言研究所集刊》第九本，后收入《唐人行第录》时简称《读全唐文札记》）沿劳氏之例，'就小传泐人名、官爵、郡县、年月等数类，笔其偶见'，复得三百十条。"又云："笔者近年因从事衰聚唐人遗文之役，广涉文献，偶有所得，即为金出。数年之间，得唐人遗文逾六千篇，已别编为《全唐文补篇》一百六十卷，交中华书局梓行。其可订《全唐文》之误者，乃草成此文。称'再续'者，一为体例仍沿劳、岑二家之旧，二以二家已考者，一般不复絮及。"（《再续劳格读〈全唐文〉札记》，《唐代文学丛考》，中国社会科学出版社，1997年，第79页）又写道："自刘师培《读全唐诗发微》、岑仲勉《读全唐诗札记》、闻一多《全唐诗校读法举例》发表后，《全唐诗》存在的问题日益为世人所共识，改编或重编《全唐诗》之议也随之而起。"（同上，第497页）

　　岑仲勉先生的学术遗产，得到唐代文学研究新锐的发扬。我们今日出版此书，就是要表达一种心愿，我们作为仲勉先生故乡的后学，应该学习这精神，急起直追，继承和发扬仲勉先生优秀的学术遗产。

　　作者1955年进入中山大学历史系学习，留校任教。中山大学历史学系教授，敦煌学研究专家。

我的经历

许崇清

我第一次出任中山大学校长是在 1931 年夏季，西南集团开始反蒋时。当时中山大学校长的名义是由戴季陶和朱家骅一在南京、一在杭州分头遥领着的。西南反蒋的旗帜既已揭起，戴、朱的名义当然不能沿用下去。邹鲁虽已回到广州，又不肯复职。在这样的情况下，我被西南集团任命为中山大学校长，从戴、朱手中将中大接了过来，一个学期后，交给了邹鲁。

1933 年至 1934 年，陈济棠在广东提倡读经，强制各级学校加授《孝经》，鼓吹封建道德。我当时反对他这样做，被免去了广东省政府委员一职，在上海、杭州过了几个月的"赋闲"生活。

1934 年春季，我到南京去，当了国民政府考试院考选委员会的副委员长。那时，我还想利用我所任的清闲职位，抽出空来做点别的事，写了两篇论中国文化问题的文章发表了。后来，我被派了回

图1　许崇清先生（1888—1969）

广州迁移廖仲恺先生的灵柩改葬南京。不久，我又被派了回广州开辟高等文官的考区。起初，我对开辟考区的事情毫无把握，经过了一次的访问，西南集团的几个首领都答应了，当时我感到有点意外。后来他们要我电邀戴季陶到广州来"玩玩"，我也照做了。戴来了之后，他们和他密谈了几天，在戴乘蒋所派专机飞回南京时，他们当中有些人物和戴一同飞去了。考试刚完，我留在广州，于是又很顺利地和他们洽商解决了考试及格人员的分发任用问题。

　　我第二次任中山大学校长是在抗日战争时期。1939年春间，当时英、美政府正在进行调停中日战争，妥协投降逆流泛滥起来。而中国共产党则在号召人民起来反对投降。按照既往的事例，在这

图2　20世纪30年代的许崇清

样的情况下，国民党当权者是不会给我独当一面的职位的。所以，当时，他们才派了刚在重庆受训归来的陈济棠的亲信黄麟书接了我的广东省教育厅厅长职务。我当时是想不到他们会要我再任中大校长的。

究竟何以会弄到要我去接管中大的呢？中大当时已迁到云南澂江去了。师范学院"闹风潮"波及全校。一向代表着邹鲁主持中大校务的萧冠英（秘书长）也不能不走了。而邹鲁在重庆患着心脏病，又不能动。中大的混乱局面弄到无人收拾。陈立夫、朱家骅表面上似在避嫌，不作主张，实际上都想一手控制中大。两人暗斗，相持不下，就只好暂时撒手，让我先到澂江去，把局面稳定下来，日后再做打算。这是我得以重长（指执掌）中大的由来。

　　我当时刚从教育厅下了台，和一些朋友正在开始搞编写出版工作，本不想再做人家派系斗争的缓冲人物的。但有些朋友却希望我能把中大搬回粤北来，在那里和桂林呼应着，来做点文化工作，乃至把中大做成文化运动的一个基地。于是，我下了决心，先到重庆去，和陈立夫商量，当然我向他提出的迁校理由是另一套。但陈却以费用无着为辞，不答应。后来，到了7月初，似乎是因为日寇策动了从安南进攻云南吧，陈突然奉蒋命，电令所有迁在云南的大学"立刻准备万一，快速搬迁"。于是，1940年秋，经过了多方策划，辛苦经营，我把中大由云南澄江迁回了广东坪石，满足了学校师生员工所企盼，实现了广东文化教育界的愿望。中大的校址定在坪石，是于军事、交通、粮食等方面征询过许多人的意见的。中大当时可以说是占据华南的一个适中地点，如果要和桂林相呼应着，在粤北做点文化工作，是有可为的。但我在中大任内，整整一个学年，只

图3　避难香港的许崇清一家

顾应付校内的人事琐务，并没有发动到我所想做的文化工作。下一学年度，法学院教师需要有些补充，那时我聘请了李达、王亚南等几位进步教授，朱派分子乘机联名向戴季陶告我"引用异党，危害中大"，戴拿了这封密告函件哭诉于蒋，乘机推荐朱派的张云，蒋就将全案交给了陈立夫处理，我被撤职。后来陈派还迫着张云向我道歉。这样，我从邹鲁手中接了中大过来，又把它交还了戴、朱。

1939年起至1945年初，我曾兼任当时的第七战区编纂委员会的工作。这个委员会是一个文化出版组织，当时是战争时期，该会由战区司令长官司令部拨给经费，初期是编制外的，后来加入了司令部编制，工作人员就挂上了军衔。我当时是广东省政府委

图4 许崇清在中山大学宾省校屋内起草文件

图5 第七战区编纂委员会出版的四种杂志

员兼任这个会的主任委员，省政府委员等级与中将相当，我挂上了中将军衔。

这个会的设立，本来按当时在韶关的文化界人士的期望，是想利用国民党地区的抗战形势，借战时省会韶关的中心地位，促进广东省文化事业的发展，以利于坚持抗战，争取抗战最后胜利。这个期望在当时的历史条件下，是切合抗战需要的。编委会成立后，战区政治部的势力极力想插手进去，控制它，并曾想撤销它。共产党也派了不少人进去。可见，当时这个委员会的任务是重要的。

我在这个委员会兼职共五年左右，其中从1939年底至1941年8

图6 1951年许崇清担任中山大学校长任命书

月，这一年八个月期间，我就任中山大学校长，离开了韶关，会务由该会委员罗鸿诏、陆达节管理。1941年秋，我在中山大学被撤职回韶关后，战区司令部改派过一批委员到会，不久，这班委员走了。1942年春，张铁生到会以后，会务主要由他管。张是中共地下党员，但他是带着战区司令长官余汉谋的介绍信来上任的，我曾以为他是余汉谋的人，他挂的是少将军衔。会内共产党员不少，后来入党的进步青年也有，我曾起过掩护他们的作用。战区司令部会议上，有人攻击我"重用有色分子"，被我驳斥，也幸而有人为我辩解。

这个委员会出版的四种杂志，《新建设》月刊是综合性的，《教育新时代》月刊是从新观点来研究一般教育理论问题的，《学园》月刊是从新观点来讨论小学教育实际问题的。还有给军官阅读的《阵中文汇》。这些杂志主要由专职委员或编辑、出版两部门负责人主持。

至1945年初，韶关失陷，编委会转移到乳源山区，工作就停

图7 1955年10月，许崇清在广州市教育先进工作者大会上讲话并颁奖

图8 20世纪50年代，许崇清陪同英国科学家贝尔纳参观中大校园

了下来。在抗日战争中后期以及抗战胜利以后，我在当时的政府中已不任什么实职，只挂个空名义，过着教学生活。同时，抽空整理我的辩证唯物论教育哲学体系。我在中山大学师范学院教育系教过"教育哲学"，在文学院哲学系教过"哲学概论"。

抗战胜利后我回到广州，几位编委会的老同事常来看我，并商谈继续出版《新建设》等杂志的问题。这时，我收到了匿名的恐吓信。更引致我不安的是，当我迁回东皋大道旧宅居住不久，国民党市党部头目之一的陶林英，竟也住到我的隔邻。我感到，似乎已被人监视了。

1949 年 10 月 1 日中华人民共和国成立，开始了中国历史的新时代——人民民主的新时代。我在香港参加了港九华侨教育工作者的庆祝大会，在大会上，我满怀着无限欢欣的心情，热烈地号召了教育工作者大众，"坚决和人民结合一起，切实推行人民政协的共同纲领，完成人民革命的大业"。

在广州解放后，我回来了，担任了实际工作。1949 年 11 月，我秉承广东省军事管制委员会的意旨，接管了广州大学。1951 年 2 月，我被中央人民政府任命为中山大学校长。

作者为中国近现代著名政治家、教育家，历任广州市教育局局长、广东省教育厅厅长，中山大学校长、广东省副省长、全国政协常委。曾三任中山大学校长，为中山大学的发展做出了重要贡献。

怀念陈寅恪教授

——在十四年工作中的点滴回忆

黄　萱

1952年冬，由于偶然的机会，由友人关颂姗介绍，我得以到陈寅恪教授家当助教。承他老人家不以我的学识浅薄见弃，循循善诱，使我能在他的教导下，完成了应做的工作。这工作一直很顺利地进行，到1966年"文革"开始，我才被迫离开。

以陈先生当时的健康情况，倘无一种巨大的坚毅精神，是不可能坚持教学和研究工作的。他曾说："人家必会以为我清闲得很，怎能知道我是日日夜夜在想问题、准备教学和做研究工作的。"

是的，以他的资格，在领导的关心和照顾之下，他是可以养尊处优、无所牵挂地在家度过安乐的晚年的。但他不这样做，而是聚精会神、争分夺秒地把他的渊博、丰富的学问，贡献给国家，给现在和未来的文史工作者。这种坚毅的精神，确是很感动人、给人以鼓舞的。我所以能坚定不移地长时间帮他做点轻微的工作，何尝不

图 1 陈寅恪先生（1890—1969）

是时刻受到这种精神的鞭策！

陈先生因出入不便，就在寓中的走廊上课及做研究工作。他起床较晚，工作的时间是每星期五、六上午九时到下午一时半，每天早上我上楼后还来不及坐下，他便把当天的工作安排给我。例如：应查关于他的教学或研究的材料的某书某句，论文中的某段某句要修改或移置等等。他说："晚上想到的问题，若不快点交代出来，记在脑子里是很辛苦的。"

当时已有录音机，但我国尚未普遍应用。我听说领导已想为他买一架，可惜未买来，工作因而十分难做。要不然，用录音机来录取他想到的问题和要写的文章，岂不是比我用笔录既快且好，又可保存得更久吗？同时这也可使他免于记忆之苦。

但再想一想，在那不分青红皂白、无所不砸的时期，即使把他的文章录下来，也难逃浩劫。这些思想精华哪能留到"文革"之后，在改革开放的今天发挥作用呢？

图2 陈寅恪与助手黄萱。摄于 1957 年

陈先生是一位高度爱国的知识分子。他正直，黑白分明，实事求是。他很关心国家大事，是非得失，十分清楚。他希望祖国能早日繁荣富强起来的愿望是很强烈的。

因此我认为他的去留问题，是经过深思熟虑才决定下来的。他留下来，反映了对旧中国的失望和对新中国的期望。我从来没有听到他对决定不离开大陆说过后悔的话。

1954 年春，国务院请他到北京任科学院历史研究所第二所所长时，他对我说："我们（指全家人）到北京去，你也得跟我们一起去。"可见起初他是想去的，后来经过考虑，确是因"贪恋广州暖和，从来怕做领导工作"而决定不去的。而他提出"所里不学习马列主义"的条件，对此可能也会有影响。从这一点也可见他要求自由研究，"决不从时俗为转移"（见蒋天枢：《陈寅恪先生编年事辑》，第 158 页）。

图3 中山大学历史系1952级毕业合照。前排右七为陈寅恪

他对于抗美援朝的胜利，给予很高的评价。认为这是大胆而且得策的进军。对于毛主席的词，他大加赞扬，认为很有气魄，且都按词律填写。从这一点也可见先生是实事求是的。

陈先生最不喜欢歌功颂德，这在抗战时便有所表现。他讥笑《红楼梦》中林黛玉的"圣朝无饥馑，何必耕织忙"之句也是歌功颂德之作。但他没有文人相轻的恶习，他对于曾经是他的学生的专家教授们的成就，常引以为荣。对于其他人在学术上的业绩，也很赞赏。例如：陈寂先生的词，唐长孺先生的史学，金应熙先生的中英文，岑仲勉先生的学问等等，他都是很夸奖的。

对世界过去和当时的情况，陈先生了如指掌。每每谈起各国的得失，都有独特的见解，非一般人所能企及。

陈先生与党的关系是不错的，一遇到问题，便即刻反映给党委书记，例如经济困难时期国外寄来食品、香港出版他的《论再生缘》一书之事。

反右时，有个青年被划为"右派分子"，他还说，"过无惮改"嘛！

1958年批判"厚古薄今"。陈先生受批判，说是"拔白旗"。他遂不再教课，专力著作。我曾劝他复课，他说："是他们不要我的东西，不是我不教的。"这是多么伤心的话啊！

"文革"中他遭到冲击，在精神上、肉体上所受的创伤是严重的（可参见《陈寅恪先生编年事辑》卷下），以致最终被夺去宝贵生命。哀哉！

"反动学术权威"是"造反派"加给他的"帽子"。有一天，他竟以"反动"两字如何解释下问于我。可见当时所谓的"革命行动"，连博通今古的陈先生，也莫名其妙，何况他人？这怎能不使国内的爱国知识分子为之一哭！

关于陈先生的研究工作，我懂得很少，只能从工作中的肤浅感受来谈谈，恐怕还会有不少差错。

陈先生说，我们看材料，需了解材料存在多少问题，已解决的有多少，未解决的有多少，新发现的有多少，由此一步一步地往前研究，便可以不走或少走弯路。

又说，中国的史籍，每天每事都有记载，这是外国所没有的。这是我们的史籍最宝贵的一点。

他对于我国的一部分史籍的评价是：钱大昕的《二十二史考异》很好，王鸣盛的《十七史商榷》不太好，《资治通鉴》是为宋朝的治乱兴衰而作的。一定要用真的材料，存真理以为政治服务。

他指出，做文章所用的材料，必须先甄别是真是假。有时候假中有真，真中有假，要注意筛选。

他的文章取材广阔，每篇都是经过一丝不苟地考虑、缜密精心地结构，才口授给我笔录的。虽然这样郑重其事，还要屡经修改、补充。他常把自己的著作称为"稿"，如《元白诗笺证稿》及《钱柳因缘诗释证稿》（后改为《柳如是别传》）等，即是其例。他说，这都是未定稿，准备有新材料、新见解，便随时修改增补。

他说《卖炭翁》说估法事，可以证明人是资料的主人，不是资料的俘虏。应看资料是否真实，完备不完备。真的资料，正确的解释才有自然的结论。不是先有结论，才做研究；而是先研究，才得出结论。用同样的材料，得出的结论会相同，不一定是抄袭来的。

又说，人家研究理科的，是分秒不差的。而他的文史研究，是年、月、日不差。也就是说，他写的某人某事，在历史上是发生在何处、何年、何日，是不会相去太远的。

"以诗证史"虽是前人提过的，但真正大量付诸实践的，当是陈先生。这在他的《元白诗笺证稿》等晚年著作里，完全可以得到证实。

他说，中国诗与外国诗不同之处，是它多具备时、地、人等特点，有很大的史料价值，可用来研究历史并补历史书籍之缺。

因此他把这一工作视为他新开的园地，日日夜夜加以精耕细作，也由此得到很大的收获。但他认为自己只能作为开荒者，希望后来的文史工作者，能继续加以耕耘，使这块新开的园地，能开出更美的花，结出更好的果。

他在进行"以诗证史"之前，必先研究诗的资料的真实性、时间性、地方性，再根据当时发生的情况、人与人之间的交往和每个人的社会背景及思想感情，来断定该资料是否可用。

他的著作常搜集大量当时文人的来往应酬之作，不但诗，其他各体的记载如文、史、词、赋以及尺牍杂志等等都在搜集之列，从中找出线索，来证明政治上、战争上的来龙去脉。

例如在《柳如是别传》中，他利用当时文人的各种著作，找出了复明运动暗中进行的信息，发古今人未发之覆，由此证明了郑成功的复明运动，完全不是孤立的，而是有许多的仁人志士、英雄豪杰不顾自己的生命安危，在频繁来往策划响应的。郑氏进军南京的成败，与那些参与者行动的迟速、联系的是否正确，以及当时清朝军政人员是不是坚定、心理上是不是有矛盾有关。

至于文人诗酒之会，是用来掩护行动、互通信息的。不是为娱乐而娱乐，或借酒浇愁之举。不过由于禁令严密，在诗文中诗人不能明白说出自己心中的意愿和真实的情况，只能借用古典来表达。

由此可见陈先生是如何活用诗的材料的，他不为古典今典所拘束，应用自如地为自己的著作服务。从这一点看来，要"以诗证史"，还得在文史方面有较深的造诣，才能得心应手。

我认为诗所以可用来作为史料，还因为它是现实的反映。陈先生说过："诗若不是有两个意思，便不是好诗。"大概指的是古典今典吧。要从古典来体会今典，是不容易之事。他的诗自然是有两个意思的，所以难以通解。我相信将来必会有史家用他的"以诗证史"的方法，把他全部的诗，拿来与近代史相印证。

在《柳如是别传》第一章引《有学集·三九·复遵王书（论己所作诗）》云：

居恒妄想，愿得一明眼人，为我代下注脚，发皇心曲，以俟百世。今不意近得之于足下。

陈先生的按语云：

> 然则牧斋所属望于遵王者甚厚。今观遵王之注，则殊有负
> 于牧斋矣。

当时他的意中，是否已有望能为他的诗"代下注脚，发皇心曲"
的"明眼人"，吾不得而知。当时我为他录下这两段时，深感注诗之
难，便大胆地说："您何不自下'注脚'，以免他日之人难于揣测。"
他笑而不答。

陈师母出身名门，学有渊源。她能诗能文，书法也到家。在我
来到中大工作前一段时间，她是陈先生的得力助手。因身体较弱，
太累了便觉心脏不舒服。但我参加工作后，陈先生所有来往信件，
都是她经手念给他听，并代为执笔作复的。寅师所做的诗，也都由
她代为抄录。她自己也还写了不少和诗。他们两位的唱和之作，可
在陈先生的《诗存》中证知。他们生活的和谐由此也可见一斑。

我想能为陈先生的诗"代下注脚，发皇心曲"的人，是师母。
她不但十分了解他的用意、用典，也深知他的思想感情。可悲的是
在先生逝世后的四十多天，她便由于伤感太甚，刺激太深，又加以
环境恶劣，悄然离开了人间！

人家以为寅师"有点怪"。我觉得他凡事都有自己的看法，自己
的主张，从不随波逐流，人言亦言，随声附和，但并不怪。他是和
蔼可亲、很体贴人的。在工作中，我有时不能即刻找到他要的资料。

图4　失明后的陈寅恪坚持授课

他总说："不要紧，以后再找吧！"

　　寅师和师母是我平生最敬仰、最拜服的前辈，但他们却以平等待我。我们两家的事，都可以随便互相探讨，互相交换意见。师母对于我生活上的照顾，也很周到。例如怕我回家太晚，总是为我准备些点心等等。我能为他们做的工作是微不足道的，却常得到他们的赞赏。寅师认为我是"拿得起，放得下"的人。但经过人祸、天灾的打击后，我已经是不但拿不起也放不下的人了。我得到寅师的多年教导，在学术上不能有所进展，已痛感深负于他，连做人也不能达到他的希望，更加惭愧而无地自容了！

　　先生晚年完成的著作，是得到各方面的支持的。特别是他早年的学生，也就是现在的专家教授们常为他找材料，如蒋天枢教授、

图 5　陈寅恪及其夫人唐筼

王永兴教授常给他寄来有关的书籍等。在校内的资料，多数是周连宽教授从图书馆给找来的。在同事和同学中，也时有人给他抄来应用的东西。助手的工作非我一人的微力能全部负担得起，顺便声明一下，希各位鉴及之。

《柳如是别传》第一章《缘起》云：

牧斋博通文史，旁涉梵夹道藏。寅恪平生才识学问，固远不逮昔贤，而研治领域，则有约略近似之处。

寅师自比于牧斋，又谓"远不逮"之，自是谦逊之辞。其实他的才识学问之高深广阔，远胜于牧斋。

朱长孺鹤龄《愚庵小稿·十·与吴梅村祭酒书》云：

夫虞山公生平梗概，千秋自有定评，愚何敢置喙。若其高才博学，囊括古今，则复乎卓绝一时矣。

我对于尊敬的陈寅恪教授也颇有同感。谨将朱鹤龄之语，来作为此发言稿之结语，也是借花献佛之意。未知适当否？请指教。

作者为陈寅恪先生助手，岭南大学、中山大学助教，曾帮助陈寅恪先生完成《论〈再生缘〉》《柳如是别传》《元白诗笺证稿》等著作。

姜立夫：数学大树上的一片叶子

李青果

图1 姜立夫先生（1890—1978）

姜立夫教授是中国现代数学的奠基人之一。1911年赴美国加州大学伯克利分校留学，1918年在哈佛大学获得博士学位，是我国第二个数学博士。他1916年就在国内《科学》杂志发表《形学歧义》，首次介绍了射影几何学，引入无穷远点、无穷远直线的概念。回国后在南开大学、厦门大学、西南联大任教，并于抗战胜利后担任中央研究院院士、数学所所长。

1949年8月，姜立夫教授受陈序经校长邀请，来到岭南大学创办数学系，1952年任中山大学教授。一直让陈序经慰怀的是，他当

图2 20世纪50年代中期，姜立夫（右）与陈序经（左）和陈寅恪（中）在中山纪念堂合照

年以每月 381 元最高薪水聘请的两位教授至终都留在中大，一位是国学大师陈寅恪，另一位便是姜立夫。

其实 1949 年 2 月姜立夫已随"中央研究院"到了台湾，远离大陆，心态颇为彷徨。在大陆的学生吴大任给他写信，并附上他的两个孩子给老师的两个孩子的一幅画，画面上一艘海轮正靠岸，轮船上有两个孩子，岸上也有两个孩子招手欢迎。姜立夫大受感动，毅然决然摆脱羁绊回到大陆（张奠宙：《中国现代数学史略》，南宁：广西教育出版社，1993 年，第 46 页）。

姜立夫执教岭南，表现出极大的爱国主义热情和献身于祖国数学教育事业的精神。早在美国留学时，他就立志把现代数学移植到中国来。抱定科学救国的信念，姜立夫认为中国需要科学，而数学是一切自然科学的基础，所以中国也需要数学。他曾说："我是用美国退还的一部分庚款去留学的，那当然不是美国的钱，也不是清政府的钱，那是全国人民辛勤劳动积累起来的钱，我应当为全国人民做一点好事……愿把一生献给数学。"创办岭南大学数学系，他又说："美国人在中国办教会大学，非常难得办数学系，我看这是他们存心不要我们搞基础学科。我决心在教会大学里办起一个数学系来。"

姜立夫教授是中国数学界、教育界甚至文化界备受推崇的人物。胡适在 1940 年 1 月 3 日的日记中写道："前几年我在《写在孔子诞辰纪念之后》曾说：'凡受过这个世界的新文化的震撼最大的人物，他们的人格，都可以上比一切时代的圣贤，不但没有愧色，往往超越前人。'我举出九个人：高梦旦、张元济、蔡元培、吴稚晖、张伯苓、周诒春、李四光、翁文灏、姜蒋佐。"（《胡适日记全编》杂抄之九）其中的姜蒋佐便是姜立夫。其时他已经培养出陈省身、刘晋年、江泽涵、申又枨、吴大任、孙本旺等数学人才，对于这样一位名教授的到来，中大学子可以说是备受鼓舞。

康乐园里的姜立夫不顾年事已高，仍舌耕于一线讲台，传道、授业、解惑，使中大学子得以亲炙最好的知识传输和学术训练。据学生回忆，"姜老师讲课层次分明，论证严谨，分析周密而又深入浅出"；为了使抽象的数学变得生动，他善于运用讲课的艺术，"十分注意作图，常配以鲜明的颜色粉笔，加上他声音洪亮，抑扬顿挫，十分引人入胜……罗巴切夫斯基、小波里亚和高斯等人发现和创立

图3 姜立夫教授在讲课

非欧里几何的曲折历程和故事更是扣动我们的心弦";他不仅传授知识,而且注意对学生进行科学精神的锻造,"波里亚对数学的献身精神和罗巴切夫斯基在科学上的大无畏气魄给我们留下难忘的印象"(林伟:《忆姜立夫教授二三事》,《中山大学校报》1989年10月18日)。姜立夫曾自谦地说:"数学这门学问好比一株树,我只学到了一片叶子。"在数学系,他一直担任几何教学小组长(后为几何教研组主任),不仅对学生,也对青年教师讲授解析几何、微分几何、几何基础和高等几何专门化课等,他的教学确实起到了"开枝散叶"的作用。特别是他常常晚上为学生补课,风雨无阻,在教学中表现出奋不顾身的精神。1955年冬,他在一次讲课中因心肌梗死而晕倒,从此学校不再安排他课堂教学,但他很快就在家里挂起了黑板。

姜立夫教授在学科建设上非常重视引进国外的教材,做的往往是开拓性工作。他和胡金昌、潘孝瑞、刘良深翻译苏联院士穆斯海里什维利的《解析几何教程》，解决了教学上的需要，也为北大、复旦、南开、武大等名校采用，薪火相传，造福学界和后学。姜立夫还以亲自选购图书杂志闻名。他认为数学研究对文献的依赖性远甚于其他学科，很迫切需要直接从以往文献所记载的成果和方法中吸取营养，并在此基础上去进行突破性的创新工作。数学图书资料建设就成为他的一项重要工作。他躬亲搜集数学书刊，始终不懈，为数学系资料室文献收藏倾注了大量心血。特别是在"文革"期间，学校外文期刊被大量削减，数学文献也不例外，姜立夫挺身坚持美国的《数学评论》（*Mathematical Reviews*）不能削减，他义正词严地说："停订《数学评论》，就等于砍掉数学系！"在他的坚持下，这份杂志成为中山大学数学系完整无缺保存下来的刊物之一。这件事，不仅表现了姜立夫的学术眼光，也表现出了他的学人气质！

姜立夫淡泊名利，廉洁自守。1950年，他向中国科学院移交了"中央研究院"数学所的一笔鲜为人知的外汇余款。他和陈寅恪教授一样领着被称为"381高地"的381元月工资，同时又担任中山大学校务委员、广东省人大代表和全国政协委员，但他严于律己，从不以名人自居，不要特权。

身为一级教授，本可随时要学校汽车出门，但他和夫人总是步行到江边，雇小艇进城。他们的孩子进城都是预约出租车，从不搞公车接送那一套。但就是这位不徇私的学术权威，对同事、学生却有极大的"私情"，对教务、校务有热烈的"公心"。他总是善待学生，"从不以个人喜爱来左右学生的学习兴趣，当有的学生学习兴趣从几何转移到其他数学分支上时，他同样是毫无保留地替学生出主意，想办法，使学生能更好地在学业上前进"；他善于沟通，"遇事同大家一

图 4 康乐园希伦高屋（姜立夫故居）

起商量，彼此团结得很好，系里呈现出一派兴旺的景象"，营构了学术共同体的和谐社会；他具有合作精神，"姜立夫主持几何，刘俊贤教授主持数学分析，胡金昌教授主持代数。他们通力合作，锐意经营，努力提高教学水平"，打造了学术团队的力量。苏步青评价姜立夫是"为了数学事业的发展兢兢业业，任劳任怨，在教学、组织等基本建设上作出贡献，立下汗马功劳的人"，值得"大书特书"；胡适表彰他的人格"上比一切时代的圣贤"，确实称得上是"没有愧色"的。

作者 1988 年入读中山大学中文系，毕业留校，现任《中山大学学报》副主编、编审。

容庚先生与古文字学研究室琐忆

曾宪通

图1 容庚先生（1894—1983）

说来有点凑巧，今年是我走进康乐园的一个甲子，也是本人陪同中山大学古文字学研究室走过来的六十周年。

1946年，商承祚先生和容庚先生先后从重庆和北京回到岭南，商先生任职于中山大学语言历史研究所，容先生任职于岭南大学中文系。1952年院系调整，岭南大学并入中山大学，中山大学遂将校址从石牌五山迁至岭南大学的康乐园至今。由于王国维先生于1923年在商承祚先生的成名之作《殷墟文字类编》的《序》中提到当时最具实力的四位青年古文字学者中，如今就有两位来到中山大学，故学术界曾一度流行过"中山大学居古文字研究的半壁江山"的说法。

1955年，我在康乐园度过了第一个中秋节，并在赏月时从容庚先生那里得知他是因为研究钟鼎文才从一个中学生变成大学教授的。这一年，学校为了响应国家"向科学进军"的号召和培养人才，接受

图2　青年容庚

容、商二老的建议，开始筹建古文字学研究室，分别为两位教授配备了助手曾畏和叶史苏，负责协助二老清理和誊写文稿；还特地从图书馆调来两千多册有关文字学和金石考古的图书。研究室就设在当时学校文物馆（即现保卫处）的二楼。学校把容庚先生修订《商周彝器通考》和商承祚先生《楚国竹简研究》列入研究室的首批科研项目。

1956年，容庚和商承祚两教授获准联名招收首届古文字学副博士研究生（仿苏联体制），他们是夏渌、李瑾、马国权和缪锦安。二老指导研究生有所谓"抄读法"，就是抄《说文解字》《金文编》和《甲骨文编》三部字书，以便熟悉古文字的字形，作为入门的基础。接着就要熟读古文字学的名著，详细做好读书笔记和卡片，有计划、有目标地系统积累研究资料。两位导师还分别为本科生讲授"文字学"和"《说文解字》研究"两门课程，本人就是修习这两门课的得益者。商老讲文字学课字正腔圆，他特别重视"六书"理论，强调

图3　容庚书法作品

要掌握汉字的构字字理和用字原理，避免写错别字。容老讲课总是用白布裹着一叠线装书，在黑板上写几个古字，站在一旁让学生"猜猜"，然后根据台下的回答，从小篆上推到金文和甲骨文，引经据典地加以阐释。这一年秋天，容庚先生收到香港饶宗颐先生寄来刚出版的《敦煌写本老子想尔注校笺》一书，他拿着这本书问我，"你来自潮州，知道饶宗颐吗？"他看我直摇头，便很不高兴地说："来自潮州还不知道潮州才子饶宗颐，能算潮州人吗？"容老这句话对我刺激很大。

就在这一年，容庚先生将自己珍藏的150多件商周青铜器捐献给广州市博物馆，包括一件有40个错金铭文的国宝"栾书缶"（后调至中国历史博物馆），并把他回南方后唯一购得的"陈侯午敦"赠送给华南师范学院，作为教学标本之用。

1958年，容庚先生与张维持先生合作的《殷周青铜器通论》一书出版。早在1953年，历史系张维持先生等十位后学恳请容庚先生为他们讲讲"古代青铜器知识专题"，容老定于每周五在他家中授课。他结合自己收藏的商周青铜器实物，详细解说其名称、形制、花纹、铭文和年代，以及真伪器的鉴别和拓墨的方法等。随后，容老应大家的要求，提出和张维持先生合编一部有关古代青铜器的通俗读物。张先生遂按照《商周彝器通考》的体系，选择其重要内容，参考最新的研究成果和著作，重新编写成《殷周青铜器通论》一书，交科学出版社出版。同年，王子超在中文系毕业，留古文字研究室工作，担任商承祚教授的助教。这一年冬天，容庚先生同中文系师生一起到东莞虎门参加公社化运动，在大批判中受到了冲击。

1959年5月，容庚先生带助手和研究生北上考古和实习，访问了十几个省市的博物馆和文物队，为增订《商周彝器通考》做资料准备。随行人员除张维持、王子超和四位研究生外，组织上也让我提前毕业随团学习和服务。在北京期间，与在京参加中国历史博物馆建馆工作的商承祚先生会合，共同庆祝第三版《金文编》出版，

图4 栾书缶。容庚捐赠，中国国家博物馆藏

图5 中山大学古文字研究室留影。左起依次为曾宪通、容庚、黄光武

还拜会了著名古文字学家唐兰和郭沫若先生。在郑州时，正好于省吾先生带着姚孝遂、陈世辉等副博士研究生也在当地实习。容先生说："大家来到郑州，要请于老给同学们讲讲夏文化！"于先生讲后，建议同学们来个"演讲比赛"。容先生接着说："演讲比赛需要时间准备，不如拿纸来，让他们来个书法比赛吧！"大家都会意地笑了。7月底返校后，由组织正式分配我在古文字研究室工作，担任容庚教授的助教和研究室秘书，协助室主任商承祚教授开展日常工作。当我把留校当助教的消息告诉容先生时，没想到他竟给我大泼冷水，说："现在正在批判'厚古薄今'，而你却要来学古文字，青年人何苦钻这个冷门？"但当他看到我并没有动摇，便主动把他妹妹容媛编的《金石书录目》送给我，并开放他著名的"五千卷金石室"供我自由地翻阅。

图6 容庚指导学生

1961年首批副博士研究生毕业，容、商二老继续招收四年制研究生若干名，他们是杨五铭、孙稚雏、张振林、陈炜湛和刘忠诚（刘雨）。

1962年4月，中共中央宣传部和国务院文化部介绍容庚先生为改编《商周彝器通考》到全国各地收集青铜器资料，并组成专门小组协助工作，成员除原助手张维持、曾宪通外，还有暨南大学的马国权。他们先后到全国十四个省市作学术考察，回校后即着手改编工作，计划将原书的文字部分由三十万字增至五十万字，图片由原来的一千幅增加到两千幅，并做了初步的分工，有些章节已经写出了初稿，先在刊物上发表以征询意见。由于这次带回的多是些有关青铜器的文字记录卡片，许多博物馆和文物单位答应提供的图片数据后续不济，改编工作只能断断续续进行。

1965年春，国务院高等教育部下达由杨秀峰部长签发的批文，大意是：同意中山大学成立古文字学研究室，暂定编制八名，新增研究人员要从年轻人中培养，宁缺毋滥。机构建立，人员调整告一段落，请报我部备案。记得当时我在科研处录有批文的副本存于中文系党总支，今已无法找到。另外，高教部还下拨港币一万元作为购置海外图书之用，现存研究室的《支那古铜精华》《泉屋清赏》和《云冈石窟》等大型图书，就是二老通过香港的陈仁涛先生购置的。其间二老曾因代陈仁涛从上海转寄贵重图书在广州申报出口事被海关立案调查，后因证明均符合相关手续而予以解除。同年秋，古文字学专业1961级研究生毕业，张振林和孙稚雏留校工作。这一年，容庚先生在政协会议上已闻到"以大批判开路"浓浓的火药味，决意从中华书局撤回《颂斋述林》的全部书稿。

1966年"文化大革命"全面爆发，容庚先生首当其冲，商承祚先生也自身难保，研究室工作遂陷于停顿状态。

1973年底，北京故宫青铜器馆筹备展览，请容庚先生前往预审。12月，组织上派孙稚雏陪同容庚先生和夫人麦凌霄赴北京故宫参加青铜器预展，并到北京大学看望有关的亲朋好友。这一年，中文系为了筹办汉语专业招生，千方百计从校外挖掘专业人才，先后调进了马国权、李新魁、邓炳坤和冯志白等来系工作。陈炜湛也于年底从广西河池地区调回中山大学报到，进一步充实了古文字学研究室的研究力量。

1977年全国高校恢复高考招生。河北平山发现中山王墓，出土了大批青铜器和长篇铭文，商承祚先生前往参观并亲自施拓，容庚先生还从故宫罗福颐先生处获得珍贵晒蓝本，并陆续将第三版《金

图7　1978年夏，许礼平摄于康乐园马岗顶东北区小红楼。左起依次为孙稚雏、张振林、曾宪通、容庚、陈炜湛、黄光武

文编》上所缺的一百多个字形补录到相关的位置上。这一年，黄光武调进古文字研究室负责资料室和日常管理工作，研究室也由数学楼202课室迁至东北区18栋小洋楼。

1978年，由于马国权调到香港《大公报》"副刊"工作，原协助容庚先生摹补《金文编》的工作遂告中断。系领导向他推荐张振林，因为张在"文革"中的一张批判容老大字报中签第一名，容老对此一直心存芥蒂。我把自己了解到的实际情况告诉他，希望他解除误会，接受张振林。随后，他要我向张振林转达他对增补《金文编》的三点指示：一、主要工作是摹补，要抓紧时间尽快进行；二、用通用的繁体字代替原来的简体字；三、摹补者加入马国权，但马国权只署名。6月郭沫若在北京逝世，容商二老接到"讣告"后立刻拟好"唁电"，命我到长堤邮电局急电致于立群表示哀悼。回校后容先生将郭老给他的书简交给我整理，说可能对研究郭沫若和古文字有点用处。8月间，广东《学术研究》征得容先生同意，从中选出若干通书信先在刊物上发表，并邀我和陈炜湛在白云宾馆合撰《试论郭沫若同志的早期古文字研究》专文在该刊发表。9月，国家恢复学位制招收研究生，商容二老一共合招六名古文字学的硕士研究生，他们是：陈永正、陈抗、唐钰明、陈初生、张桂光和许伟建。深秋，澳大利亚堪培拉大学的巴纳教授和张光裕博士来访，巴纳是国际研究青铜器的著名专家，他对容庚先生说："您的《商周彝器通考》，我们是作为'圣经'来读的。"张光裕博士还特地邀请容先生和夫人一起到广州美术馆的地库去观看当年容先生赠送给博物馆的青铜器。容老一进门，见到老朋友黄流沙和摆满台面自己收藏过的青铜器，激动地说了句："老朋友今天又见面了！"张博士除了仔细观摩青铜器外，还现场表演快速拓墨法，留了几张拓片给博物馆做纪念。

11月29日至12月8日，中国古文字研究会成立大会在长春举行。这是在中共十一届三中全会之前率先成立的第一个群众性学术团体，在当时一潭死水般的学术界有着振聋发聩的效应。

在赴长春开会之前，容老已表示自己因年老路远加上天气寒冷，不打算参加。可是到了临出发前，商老没有征求容老的意见就宣布自己同几位年轻教师一起到长春开会，"容老因年纪大就不去了"。容老听后就发火说："谁说我年纪大就不能去？你比他们大几十岁都可以去，为什么我比你大八岁就不能去？"这就是容老的脾气！好在大家一阵"圆场"之后，容老的"气"也就消了。在大家外出开会期间，容老和陈炜湛、黄光武还在研究室接待《汉语大字典》编

图8 容庚为康乐园荣光堂题的字

辑组的方敬、徐永年一行六人，并在南园酒家设宴款待。容先生对《汉语大字典》的编纂工作十分赞赏，还把《金文编》的修订稿借给他们参考。

1979年4月6—12日，中国考古学会在西安举行成立大会。因为容老是原考古学社的发起人，容老不能到会，但大会一定要容老题词。当时商老和商志馥已乘机直飞西安，我因带着容老的题词未能一道出发，便绕道桂林再转西安。会议开得隆重而热烈，发表了许多新的考古成果，容庚和商承祚先生一起被推举为名誉理事，首届理事多达六十余人。

10月23日，香港中文大学中国语文研究中心许礼平带着港大缪锦安的介绍信来找我，要我带他见容老，请容老为《中国语文研究》题写刊名，并为罗福颐先生的《三代吉金文存释文》题写书名。此后两人竟成忘年之交，每隔一两个月，许礼平就来见容老一次，容老的《颂斋述林》和《颂斋文稿》正是交许礼平带去分别在香港和台湾出版的，容老还应许的请求，撰写《我的自传》在他办的《名

图9 容庚在中山大学颂斋藏书室翻阅丛帖

家翰墨》"资讯"上发表。

11月30日至12月6日，古文字研究会第二届年会在广州流花宾馆举行。这次会议由中山大学主办，到会学者六十余人，共收论文五十五篇，其中有二十三篇在会上宣读。为了参加这次会议，陈炜湛和我合撰《试论罗振玉和王国维在古文字研究领域内的地位和影响》一文，批评当时社会上以政治标准代替学术标准，否定罗王学术成果的种种做法。容先生看后拍手叫好，说："这样的文章为什么不早一点写出来？"又说："我已经拿不出古文字方面的文章了，就拿这篇《略评〈书画书录解题〉》充数吧！"这次会议有两个显著的特点：一是老一辈的古文字学者到得最齐，除容庚、商承祚两位先生外，还有于省吾、徐中舒、顾铁符、周祖谟、孙常叙、胡厚宣、张政烺、朱德熙、沈之瑜、启功、张颔、罗福颐等十几位老先生，相聚一堂，盛况空前；二是开始有海外学者出席会议宣读论文，如香港中文大学的饶宗颐、香港大学的缪锦安和美国加州大学的周鸿翔等，都在会上发表高见。年会召集人商承祚教授还向新闻界表示，大会还给中国台湾代表留有席位，欢迎台湾同行前来大陆参会，充分显示中国学术界在封闭三十年后，首次向外界发出对外开放的积极信号。就在这一年年底，学校要容先生从西南区 75 号搬到东南区 1 号（现"陈寅恪故居"），要我把钥匙交给他。容老以自己年纪太大，搬家太难为由，不肯搬家。天刚亮老人家就来敲门（我当时就住在对门），要我把钥匙退回学校，如是者三次。后来学校说，"这次可以把他在中区的书库也一起搬去"，这句话打动了他，终于同意搬家了。搬家那天，所有的研究生都前来帮忙，商先生就住在楼下，老人家显得格外高兴。

1980 年春，容、商二老受教育部委托，主办古文字教师进修班，有来自全国各地近十位资深讲师到校学习。在研究室主任商先生的领导和安排下，年轻教师都积极投入，协助二老授课和做辅导工作。

1981 年 10 月，我到香港中文大学中国文化研究所做访问学者一年，与饶宗颐先生合作研究"楚地出土文献"。回来后因有的工作尚未完成，1983 年再续约一年。此期间容老因夜起跌倒骨折，卧病不起。1983 年的春节期间我到医院探望，见面时他直摇头，表示对自己身体的康复没有信心，但对研究室的工作仍然十分牵挂。到香港后我常做噩梦，意识到恐有不祥之兆。3月7日晨，许礼平拿着当天报纸传来噩耗，我当即申请回校参加追悼会，郑德坤、饶宗颐、常宗豪、许礼平等均托我敬致献花圈。3月16日追悼会在广州殡仪馆举行，到会师生和各界人士800多人，追悼会开得既隆重又庄严肃穆。会后商先生对容师母说："有什么事可打电话或敲敲地板，我都听得到。"1985年，《金文编》由中华书局出版，可惜容庚先生已来不及看到自己新版的名著！1991年秋，日本东京大学的松丸道雄教授到广州访问，一下飞机，就要我带他去容庚先生的墓地"扫墓"，说这是他父亲对他的嘱托。原来他父亲松丸子鱼是日本有名的考古学家和书法篆刻家，20世纪30年代后期来过中国，曾要求同容先生见面，由于当时中日关系不正常而始终未曾谋面，因而多次叮嘱自己的儿子一定要代他来看望容庚先生。此事让我十分感动！当我说明情况后，便改为到容庚先生的故居凭吊了。1994年和2014年在容庚先生100周年诞辰和120周年之际，中山大学同中国古文字研究会一道在广州和东莞举行学术年会，并出版专刊，隆重纪念。2008年，容先生后人将郭沫若致容庚书简送广东省博物馆收藏，广东省博物馆出版了《郭沫若致容庚书简》一书。此年营建"容庚先生墓园"，先生后人将容庚先生与原配徐伟度、继室麦凌霄的骨灰合葬，以告慰先人在天之灵！这一年，重排本《商周彝器通考》由上海人民出版社印行。2011年，《容庚学术著作全集》由中华书局出版，人们可以从中了解容庚先生的学术成就和治学精神，足为后人法式。

1983年1月，商承祚先生为即将到来的容庚先生"九十寿诞"

（农历八月初六）拟就《我与希白》一文，"以代寿言，并博希白一粲"。在容老卧病期间，商先生对容老的病情一直非常关切。3月7日，当他得知容先生仙逝的消息后，当晚于灯下情不自禁地为此文写了如下的"附记"："今晨噩耗传来，谓希白于6日上午10时16分在广州医学院第二附属医院逝世，犹如晴天霹雳，为之涕泗滂沱。六十年老友，只希白一人而已，伤哉！"

2011年，中山大学和中国古文字研究会在番禺莲花山举行学术研讨会，隆重纪念商承祚先生100周年诞辰，并由中华书局出版《古文字研究》第24辑专号。与此同时，学校在中文堂辟建了"容庚商承祚先生纪念室"，并请启功先生题匾，作为永久的纪念。

作者1955年秋就读于中山大学中文系汉语言文学专业，毕业留校，任中文系教授。长期担任容庚、商承祚教授助手，古文字学家。

傅斯年在中山大学

张荣芳

图1 傅斯年先生（1896—1950）

傅斯年，山东聊城人。于1926年冬结束了长达六年之久的海外留学生涯，由德国返国，受聘为中山大学教授。从该年底赴中山大学任教，到1928年11月辞去中山大学职务，在校将近两年时间。历任文史科主任并兼任史学系、中国语言文学系、哲学系主任，创办语言历史学研究所并亲自任主任，还担任过其他各种职务。这时期是他初为人师的时期，也是他经过长年的留学后学术思想的初步整理的时期，也是他教育思想初步形成的时期。这期间他写了大量的讲义，发表了许多论文，集教

图 2　傅斯年先生读书中

学、科研、行政工作于一身，是他一生中的重要时期。他为中山大学的发展做出了重大贡献。

一、受命于改革之时

中山大学原名广东大学，为孙中山 1924 年创办。广东大学建立不到一年，孙中山病逝于北京，为纪念孙中山，于 1926 年 8 月把广东大学更名为中山大学。广东大学第一任校长邹鲁因西山会议问题被免职，学校一度陷入混乱，校内形成许多派别，各派政治力量明争暗斗，秩序混乱。广东大学改名中山大学后，任命戴季陶为校长。戴季陶到校后，对学校进行整顿和改革，改校长制为委员制。国民党政府任命戴季陶为中山大学委员长，顾孟余为副委员长，徐谦、丁惟汾、朱家骅为委员。由五人委员会开始对学校进行整顿和改革。在整顿过程中，戴季陶出访日本，顾孟余、徐谦、丁惟汾都在国民党政府中另有职务，多数情况下是由"担任教务方面"的委员朱家骅主持中山大学的工作。1926年10月16日发布《中华民国国民政府令》称："中山大学为中央最高学府……政府决意振兴，已明令改中山大学为委员制，期集一时之人望，为根本之改造。应责成委员会努力前进，彻底改革，一切规章制度，重行厘定。"

五人委员会努力贯彻国民政府上述训令，制订各种改革措施。1926年10月22日委员会召开第四次会议，其中有两项决定，对中山大学今后的发展具有重要意义：第一是募集建设图书馆及各科实验室基金，用以建筑图书馆、建设实验室及购置必要书籍及设备；第二是添聘教员，延聘国内知名学者来校任教。傅斯年就是在这样的背景下受聘于中山大学的。

傅斯年是当时主持中山大学工作的朱家骅聘任的。朱家骅在《悼亡友傅孟真先生》中回忆说：

> 民国六年在北京，沈尹默先生对我说："傅孟真这个人才气非凡！"我当时并不认识他，到了民国十五年我在中山大学，为了充实文学院，要找一位对新文学有创造力，并对治新史学负有时名的学者来主持国文系和史学系，和戴季陶、顾孟余两先生商量，聘请他来担任院长兼两系主任。是年冬，他从德国回来到校，马上全力以赴，他延聘有名教授，自任功课亦甚多。十六年春，更在文学院内，创办历史语言研究所，他对教务贡献甚大，当时中山大学声誉隆盛，他出力很多。

从这里可以看出，当时聘任傅斯年就是"为了充实文学院，要找一位对新文学有创造力，并对治新史学负有时名的学者来主持国文系和史学系"。傅斯年不负众望，到任后"全力以赴""延聘有名教授""自任功课亦甚多""对教务贡献甚大"。顾颉刚在日记中写道：傅斯年"任文学院长，以其纵横捭阖之才，韩潮苏海之口，有所凭藉，遂成一校领袖"。他为中山大学声誉隆盛，做出了重大贡献。

二、重在加强学科建设

傅斯年到任后，秉承学校委员会改革之意旨，大刀阔斧地进行文史科的学科建设。图书资料建设是学科建设的重要方面。傅斯年聘请顾颉刚到中山大学任教。顾到校不久，被朱家骅、傅斯年派到江浙一带为中大图书馆采购图书。为此，顾先生用了半个月时间做《国立广州中山大学购求图书计划书》。这个《计划书》是开创性的，它打破以"经、史、子、集"为书籍全体的观念，认为购书的宗旨是"搜集材料""把记载自然界和社会的材料一齐收来"。顾先生前后五个月，足迹遍及江浙，购到图书约十二万册。这批图书入藏，使中大图书馆成为全国藏书量较多的少数几所高校之一。

傅斯年为加强文史科的学科建设，广泛延聘知名学者。先后聘任的有施存统、许德珩、容肇祖、马衡、赵元任、顾颉刚、俞平伯、罗常培、汪敬熙、杨振声、商承祚、何思敬、吴梅、俞大维、珂罗掘伦（瑞典古登堡大学教授）、史禄国（俄罗斯人）等人。当年朱家骅、傅斯年致李石曾、吴稚晖的信中说：我们又在这里筹聘北大文理等科之良教授来此。既可免于受压迫，并开此地空气。已去请者，有马叔平、李玄伯、丁山、魏建功、刘半农、周作人、李圣章、徐旭生、李润章诸先生。他们聘请的这些教授，多是具有新思想，具有较高学术水平者，目的是既使他们免受北方封建势力的压迫，又可"开此地空气"，创造中山大学的学术氛围，提高学术水平。朱家骅曾自豪地说："文科原无丝毫成绩凭借，现在几乎是个全部的新建设，聘到了几位负时誉的教员，或者可以继北大当年在此一科的趋向和贡献，一年以后，在风气和成绩上，当可以比上当年之有'学海堂'。"顾颉刚在致胡适的信中也说："我深信这一年中已为广东学界造成一个新风气。"中大同学想起那时仍觉得是一个学术上的黄金时代。

为了加强文史科的学科建设，傅斯年站在学科发展前沿，提倡历史学、语言学、民俗学、人类学相结合的研究风格，决定设置各种专门学科研究所，并引进"集团研究"的学术思想。1927 年 6 月 20 日，傅斯年主持的文史科第四次教授会议作出决定，设置语言历史学研究所、心理学研究所、教育学研究所等。傅斯年亲自担任语言历史学研究所主任，"着力于聘定教授，设置各研究组，招收研究生，成立各研究会，发行定期刊物及丛书等五个方面之进行。"1927 年 10 月 6 日，傅斯年召集有关人员开会，商议出版学术刊物事宜，决定由顾颉刚、余永梁、罗常培、商承祚等编辑《国立中山大学语言历史学研究所周刊》，顾颉刚、杨振声、杜定友编辑《图书馆周刊》，钟敬文、董作宾编辑《歌谣周刊》(出版时改名为《民间文艺》。语言历史学研究所还决定编辑出版《语言历史学丛书》，傅斯年、罗常培主持语言学丛书，傅斯年、顾颉刚、容肇祖主持历史学丛书，傅斯年、容肇祖主持史料丛刊。由于傅斯年的努力，中山大学文史科的语言学、历史学、民俗学、教育学以及心理学的学科建设，走在全国各大学的前列。

中山大学的民俗学有着光辉的历史，为中国民俗学的发展起了奠基的作用，有学者认为中山大学的民俗学有十二个第一。傅斯年对中山大学民俗学研究的最大贡献，在于引进顾颉刚和协同创办民俗学会。顾颉刚在语言历史学研究所内创办民俗学会，主办《民俗》周刊、主编《民俗学会丛书》、举办民俗学传习班等。被誉为"中国现代民俗学先驱"。

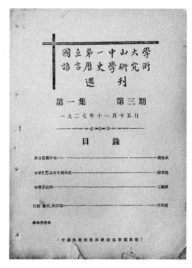

图3　《国立第一中山大学语言历史学研究所周刊》第一集第三期

在这里需要特别指出的是，1928年春，南京国民党政府委派蔡元培筹办中央研究院，规定国立中央研究院"为中华民国最高科学研究机关"，其宗旨是"实行科学研究，并指导、联络、奖励全国研究事业，以谋科学之进步，人类之光明"。傅斯年极力向蔡元培陈述历史学、语言学之重要性，建议在中央研究院设立历史语言研究所。蔡元培同意傅斯年的意见，并邀请傅斯年、顾颉刚、杨振声任历史语言研究所筹备委员，筹备处办公地点设在中山大学校内。我在这里特别强调中央研究院历史语言研究所与中山大学"语言历史研究所"的关系。在中山大学内设语言历史研究所是傅斯年加强学科建设的主要方面，他主张效法欧洲汉学的治学方法，从语言学入手，用"科学方法"研究中国历史文化，几经考虑采用了这个名字，表示要与北京大学国学门、清华大学国学研究院相区别。1927 年 11 月，《国立中山大学语言历史研究所周刊》创刊，《发刊词》指出："我们要实地搜罗材料，到民众中寻方言，到古文化的遗迹去发掘，到各种的人间社会去采风民俗，建设许多新的学问。"这篇发刊词规定了人文学科研究的发展方向。"语史所"的办公地点在中山大学文明路校址的图书馆内，顾颉刚在江浙一带采购的图书也藏在图书馆内。"语史所"汇聚了一批优秀人才，除顾颉刚外，还有瑞典语言学家高本汉、俄裔人类学家史国禄、语言学家赵元任等，顾颉刚还引进了容肇祖、钟敬文、丁山、罗常培等。

1928 年 11 月中央研究院历史语言研究所成立，所址设于广州市东山恤孤院后街 35 号柏园。"史语所"筹备之初，拟成立八个研究组：史料组、汉字组、考古组、文籍考订组、民间文艺组、人类学及文物学组以及敦煌材料组。拟聘任二十五位国内一流学者任研究员。拟聘陈垣为敦煌材料组组长。在中山大学执教的董作宾、容肇祖、商承祚、余永梁和董仲琴几先生，拟以特约编辑员身份聘任。正在中山大学执教的傅斯年、顾颉刚拟聘为专任研究员，并需要辞去中大教职专任"史语所"的工作。傅斯年 1928 年在广州创刊的国立中央研究院历史语言研究所《集刊》第一本第一分发表《历史语言研究所工作之旨趣》一文。在这篇《工作之旨趣》中阐明了为什么要成立这个所。他认为，中国的历史学、语言学发达早，有光辉的历史，但近代以来却落伍了。"中国境内的语言学和历史学的材料是最多的，欧洲人求之尚难得，我们却坐看他毁坏亡失。我们着实不满这个状态，着实不服气就是物质的原料以外，即便学问的原

图4 中山大学语言历史研究所旧址（广州越秀东山柏园）

料，也被欧洲人搬了去乃至偷了去。我们很想借几个不陈的工具，处治些新获见的材料，所以才有这历史语言研究所之设置。"他确定了该所的宗旨有三条：第一"保持亭林百诗的遗训"；第二"扩张研究的材料"；第三"扩张研究的工具"。他认为判定这两门学问进步与否的标准是：第一"凡能直接研究材料，便进步。凡间接的研究前人所研究或前人所创造之学统，而不繁丰细密的参照所包含的事实，便退步。"第二"凡一种学问能扩张他研究的材料便进步，不能的便退步。"第三"凡一种学问能扩充他作研究时应用的工具的，则进步，不能的，则退步。"为了贯彻该所宗旨，他提出：第一"我们反对'国故'一个观念"。第二"我们反对疏通"，"只是要把材料整理好，则事实自然显明了。一分材料出一分货，十分材料出十分货，没有材料便不出货，……推论是危险的事，以假设可能为当然是不诚信的事。"第三"我们不做或者反对所谓普及那一行中的工作。"他提出破除"读书就是学问"的风气，公然宣布"我们不是读书的人，我们只是上穷碧落下黄泉，动手动脚找东西！"最后他提出了三个响亮的口号："一、把些传统的或自造的'仁义礼智'和其他主观，同历史学和语言学混在一气的人，绝对不是我们的同志！二、要把历史学语言学建设得和生物学地质学等同样，乃是我们的同志！三、我们要科学的东方学之正统在中国！"

这篇《旨趣》在中国现代学术界发生重大影响，劳干说它"奠定了中国现代历史学的基础"。李济说："他这一原则我想历史语言研究所的同仁到现在还一直遵守的。"傅斯年辞去中山大学教务，专任该所所长兼《中央研究院历史语言研究所集刊》主编。从此，他以该所为大本营在中国建筑"科学的东方正统"。傅斯年一生为史语所呕心沥血，为中国现代学术发展树立了不朽的丰碑。傅斯年为中山大学作出了重要贡献；中山大学也哺育了傅斯年，他为中国现代学术作出重大贡献，是从中山大学起步的。

三、重视教学，以培养学生能力为己任

大学是培养人才的地方，关于大学的重要性和培养目标，傅斯

年说：现在凡是"一切在水平线上的国家"，无不"以大学为他的社会生命上一个重要机关"，主要原因在于：（一）在近代社会中，一个有用的人才，必须掌握一定的知识，这样的知识不是每个人都能在社会上学得到的，在没有走向社会之前就应进行系统的学习。（二）在近代社会中，一个工作有成效的人，必须有良好的品性，这也不是在社会上能够自然养成的，须先在学校这样一

图5 青年时期的傅斯年

个"健康的自由的环境"获得。（三）在近代社会里，人们是分工而又合作的，故须有"专门的技能"，"大学正为训练这种技能而设"。傅斯年对大学培养人才的重要性的认识是相当深刻的。

对大学的文史科如何培养学生，傅斯年有一套看法，并付诸实践。提倡教学与研究并重，提出每个系或有关的几个系必须设一个研究所，教授的学术研究和学生的学术训练都在其中进行。在他的推动下，中山大学设立了语言历史学研究所、教育学研究所、心理学研究所等。傅斯年、顾颉刚等都充分利用研究所对学生进行学术研究的训练，培养了不少学术人才，有的毕业后即从事学术研究工作。

要培养优秀的学生，必须扩大学生的知识面以适应社会的需要。

图6 傅斯年《性命古训辨证》（商务印书馆）

扩大学生知识面最好的方法，是设置讲座。傅斯年主持文史科的时候，开设了各种讲座，如"文史导读专题"讲座，"中国三百年来学术成绩及思想派别"讲座等。各种知名学者都在讲座登台讲演。我们从这五花八门、林林总总的题目中，可看出学生能从中猎取比较丰富的文史知识，扩大知识面。

傅斯年对教学认真负责，敬业爱生，以培养学生解决实际问题的能力为己任。傅斯年在中大将近两年的时间里，开的课程很多。计有：《尚书》、诗经研究、中国古代文学史、陶渊明诗、心理学、统计学、书目编纂法、比较语言学、印度支那语系导论、尼采与巴特勒、史记研究等。他白天忙于上课、行政事务，晚上忙于编写讲义。

在教学方法上，傅斯年反对填鸭式的陈腐说教，主张把教学的重点放在培养学生获取新知识的方法和运用资料以解决实际问题的能力方面，力求一步一个脚印地将学生引入学术研究的殿堂。他开"中国古代文学史"课程，要求学生一定要阅读原始资料。告诫学生"要避免的，是太看重了后来人的述说批评，整理的著作以及叙录的通书，而不看重原书"。只要能够细心地读一部古籍，就比读完一切近年出版的文学史著作要好。学生不可把读教师的讲义代替读专门的古籍资料，恰恰相反，教师的讲义只是用来刺激学生读原始资料的手段。并嘱咐学生，要学会思考问题。傅斯年认为，教师不仅仅是传授知识，还要引导学生阅读原始资料，教会学生学习的方法，启发学生提出问题、思考问题，进而解决问题，从而提高学生的素质和能力。傅斯年在一百年前提出这样的培养目标和教学原则，是难能可贵的。

我们不能忘记为中山大学发展、为中国学术现代化做出过重要贡献的傅斯年先生，他的名字永远记载在中山大学史册上。

作者南开大学历史系毕业，1973 年进入中山大学工作，任历史学系教授，曾任历史系副主任、中山大学教务长、副校长。

冰壶秋月

——忆黄海章师

吴承学

　　1982 年春，我有幸考取了黄海章先生的研究生。第一次拜访海老，记得是一个融和的春日。我穿过康乐园绿竹繁荫的小路，来到一幢寂静的旧式楼房。上楼，又穿过摆满书架的过道，便是海老的卧室。卧室八九平方米，又兼书房，十分简朴逼仄。室内弥漫着浓烈的旧书气味。卧室三面开窗，窗外绿竹绕屋。室内竹影参差，幽静而昏暗。海老用浓重的客家口音和我交谈。他虽然形容枯瘦清癯，齿豁头童，耳聋目眊，着一身旧的黑布衣服，但却隐然透露出一种少见的脱俗超迈的气质。这使我突然想起苏东坡的诗句："布衫漆黑手如龟，未害冰壶贮秋月。"

　　此后三年，海老的全部心血几乎都倾注在我们身上。当时导师们通常让研究生自学或者讨论，很少正规授课。不少年纪大或名气大的导师更是挂挂名而已，有些学生甚至难得见导师一面。以海老

图1 黄海章先生（1897—1989）

图2 黄海章在宅中读书

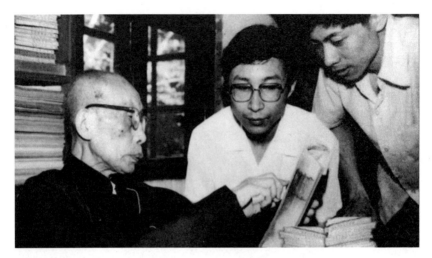

图3　20世纪80年代，黄海章（左）指导研究生吴承学（右）、孙立（中）

的名气和资格，完全可以选择很轻松随便的指导方式。但年近九旬的他，仍亲自授课，每周四节，一直坚持两年之久。他总是说，我带研究生不能仅有空名，误人子弟。海老尽管有六十多年的教龄，上课内容可以倒背如流，但仍然一丝不苟地写好教案提要，严格按计划上课。每次上课，在海老的卧室里师生相对而坐。海老便把一口时钟放在书桌上，时间一到，就准时开讲。上完四十五分钟，宣布休息一会儿。这时师母便端上几杯酽酽的铁观音茶，师生一边呷茶一边海阔天空地聊天。十五分钟一过，海老又看看钟说："继续上课吧。"

海老是近代著名爱国诗人黄遵宪的后人，幼年家境贫寒，中小学的课本，几乎全靠手抄心诵。到了耄耋之年，海老仍博闻强记，一般诗文几乎可以过目成诵。上课时从先秦到近代的各种重要文献，随口背出，几无漏误。平日向他请教问题，他总马上答复，某问题可参考某书某卷，绝无差池。

对于学生，海老的要求是很严格的。他认为治学首先需要高尚的人格，牵于名缰利锁见风使舵的人不可能有真正的学术成就。他喜欢用韩愈的话来勉励我们："无望其速成，无诱于势利，养其根而俟其实，加其膏而希其光。根之茂者其实遂，膏之沃者其光晔。"我想这话也可看作海老的夫子自道。海老的学生布满全国各地，其中不少已是文化界教育界的专家教授；但对很多不相识的青年读者，海老仍是有信必复，有求必应。晚年海老一目失明，视力严重衰退，但对我们的每篇文章还是逐字逐句地修改。看到作业上海老那老笔颓颤的评语，我们都深为感动。后来海老听力

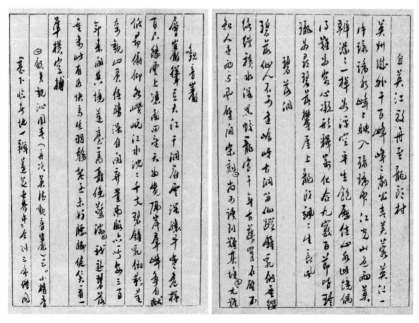

图4　黄海章诗墨

图 5　《中国文学批评简史》，黄海章著，广东人民出版社，1962 年

益衰，甚至借用助听器也无济于事。每次我到海老家，海老便取出纸笔，铺在桌上，一个以手为口，一个以目代耳，师生两人在无言之中，默默地交谈。

我们毕业那天，海老高兴地说："这三年来我一直担心突然死去。我九十岁了，并不怕死，唯一担心的是我的死会影响你们的学业。如今你们终于顺利毕业了，我再也无牵挂了。"一席话说得我鼻酸神伤。自此以后，海老便正式退休。这期间他又在海外出版了他的诗词选集《黄叶楼诗》，在国内出版了《明末广东抗清诗人评传》。他说他每天都完成该做的事，随时作好死的准备。好像是一个完成了工作的工人，在等待下班的钟声。

如今，海老已溘然长逝了。作为弟子，未能为恩师送别，我无限悲伤和遗憾。但我想，在弥留之际，回首平生，海老一定是坦然无憾的。

作者 1977 年考入中山大学中文系，黄海章先生弟子。现为中山大学中文系教授，中文系学术委员会主任。

104

怀念朱谦之先生

黄夏年

百科全书式的学者

1999 年 10 月 15 日，在北京建国门内大街中国社会科学院宗教研究所会议室里，正在召开纪念我国当代著名历史学家、哲学家和东方学家朱谦之先生 100 周年诞辰的大会，许多在京的当代中国社会科学家出席了会议，年逾九旬的著名学者张岱年先生发来贺信，全文如下：

朱谦之先生是现代著名的哲学史家、哲学家，著作宏富，对于中国哲学史、东方哲学史有精湛的研究，作出了重要的贡献，所著《中国哲学对欧洲的影响》价值尤高。1952 年高教院系调整，全国哲学系教授都集中到北京大学，朱先生由广州中

图1 朱谦之先生（1899—1972）

山大学调到北京大学，参加中国哲学史教研室工作。朱先生调到北大后工作勤奋，早晨4点起床，执笔撰写，到9点参加教研室会议，已经工作了5个小时，其勤奋如此。在北大，著有《老子校释》《日本朱子学》《日本阳明学》等。

朱先生为人正直，作风正派，不随波逐流，不随俗浮沉，正气凛然，令人敬佩！朱先生在北大时住在中关园，我常到朱先生家访候。后来朱先生调到宗教研究所，移居城内社科院宿舍。我从江西鲤鱼洲回京后，到朱先生寓所问候，朱先生卧病在床，由朱夫人扶掖起坐，畅谈甚久，不意几个月后，朱先生就仙逝了！

朱先生仙逝后，举行了告别仪式，由冯友兰先生致悼词，对朱先生学术成就评价很高。现在宗教研究所举行纪念朱先生诞生100周年座谈会，这是有重要意义的。我本应出席大会，因年老体衰，行动不便，不能到会，谨写此书面发言，略表对朱先生的怀念。

参加会议的有老一辈的学者如任继愈、黄心川等，年富力强的中年学者如戴康生、楼宇烈等，以及当前在学术界生发的新生代卓新平、何光沪等人，以及一些年轻有为的青年学者。任继愈先生说，在世纪末这个百年时刻，全国各界人士都在为许多人举行百年诞辰的纪念，朱谦之先生就属于这个年代里有贡献的人之一，为什么中国会在这个时期出现了这么多有贡献的人物，这很值得我们深思！

大家在谈到朱谦之先生为人和学术成就时，无不对他的学术成就和正直品格生起仰慕崇敬之情，对朱先生一生的坎坷道路，表示了深深的惋惜，特别受到朱先生恩惠赐教的一些学者，在谈到朱先生生前的事迹时，泣不能声……

朱谦之在学术界被人称为"百科全书式的学者"，这是因为他的教学研究工作十分广泛，涉及历史、哲学、文学、音乐、戏剧、考古、政治、经济、宗教和中外交通文化关系等各种领域，有些领域在我

图2　朱谦之与师友合影。左起依次为叶麟、朱谦之、梁漱溟、黄艮庸

国还属于开拓性的研究。著名学者王亚南曾称誉："朱先生时代感非常强烈，而且搜集之富，钻研之精，涉猎之广，读其书，知其生平者，均交口称道。"但是我认为，最能表现朱先生学问的，还是他深邃的思想。

朱先生是个性独立的人物，他受教于旧式的传统教育，儒家的"修、齐、治、平"入世思想和老庄的淡泊无为，以及佛家的禅逸出世思想在他身上都得到了体现。"五四"时期他积极投身于革命救国的斗争，提出种种社会改革的主张，但是这时"中国的思想界，可以说是世界虚无主义的集中地——佛教的空观和老子学说——在青年思想界，有日趋发达的趋势"。因此他的革命哲学追求"虚空粉碎，大地平沉"的虚无主义理想，实受禅宗《高峰语录》的影响。他被军阀逮捕后，经历了不少艰苦磨难，思想又转向佛教，企图用佛教改变人心乃至人生、社会。他与毛泽东讨论无政府主义，陈独秀说他是"中国式的无政府主义""是现实思想界的危机"，吴稚辉认为"他是一个印度学者而有西洋思想，他的论调叫人完全可以否认，也完全可以承认"，并把他评为当时中国思想界四位代表之一。

早年朱谦之先生的思想，是时代打下的烙印，但到晚年

图3　青年朱谦之

时有很多已被他否定。人总是在不断地修正中走过自己的漫漫人生之路，朱先生的可爱之处，正如戴康生先生所说："他的人生轨迹和思想发展历程反映了一个在封建主义和帝国主义重压下爱国知识分子探寻真理和追求自由与光明所走过的道路。他的一生奋发努力，自强不息，总是对自己走过的道路不断进行总结，不断否定自己，不断前进，跟上时代发展的道路。"也如他在"七十自述"中所言："自我批评

图4 《一个唯情论者的宇宙观及人生观》，上海泰东图书局，1928年

须及早，煌煌真理有依归。"一位有成就的老知识分子，在晚年还能冷静而谦虚地总结自己，发现不足，不停步地前进，真是难能可贵。

朱先生的思想在中年时代基本成型，这时他已经能用比较理性的思考来看待整个世界，思想进入了一个成熟的阶段。朱先生的思想在成熟期以后，非常活跃，研究领域也非常宽广，非常引人注目，他说："我在抗战以前的思想，总不免是唯心论的，观念论的，抗战时期所写《太平天国革命文化史》虽已开始应用唯物史观来解释革命文化背景，但不彻底。"1945年10月中大由梅县迁回广州，他又一度兼任文学院长、哲学系主任。"回溯梅县的几个月生活，给我的印象极深，是我一生思想大转变的所在地。"

人格风范

很多人在谈到朱谦之先生时，除了对他的学术成就表示崇敬，还特别强调他的为人品格。与朱先生相处过的人对朱先生总会留下这样的印象：他双眼炯炯有神，才思敏捷，学识渊博，正直坦诚，为人宽厚，情纯心善，且具有童心。

朱谦之先生在晚年自叙诗里写道："老年治学在京华，学术纵横愧一家。子史钩沉漫费力，艺文欣赏快无加。娱情万卷东方学，落纸千言海市霞。今日居然深惋惜，著书那比植桑麻。"道出了他对学术的挚爱和艰辛。他对读书的狂热早就有名，早在上大学年代，北大就传出佳话。北大图书馆主任李大钊曾对人说："北大图书馆的书，被朱谦之看过三分之二了，再过一个月，将被他看完，他若再来借书，用什么应付呢？"为读书，他甚至被误锁在图书馆里。在日本留学期间，也是每日有暇必往图书馆，从早到晚忙于看书、抄书。东京的书市，他是常客，生活再苦，遇到好书也不惜重金买下。有时因仅有一套外衣送洗无法外出，就在宿舍闭门读书。朱先生的工作态度十分认真，凌晨4点闻鸡声而起，埋头写作，到8点钟时才吃早饭，然后又开始工作，晚饭后始辍笔。他下笔极快，一两万字的文章经常一气呵成。有人说他用笔千言，如江河倾泻，素不注意辞章修饰，这是一种误解。试看他所写的《老子校释》序言，其辞藻之华丽，章句之对仗，用典之殷切，虽辞章学家犹不能过也。

他的治学态度极为严谨，善于用脑和手，每读一书，必不停地用朱笔圈点和摘录，重点段落和空白处上往往都有眉批，记有心得

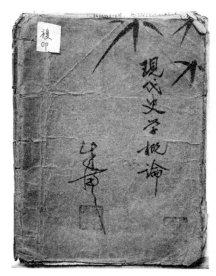
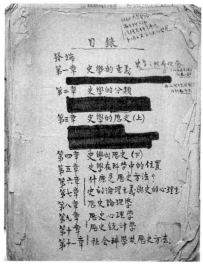

图 5 朱谦之在中山大学工作期间倡导"现代史学运动",此为《现代史学概论》稿本

与评议。在着手做课题研究时,必先列出阅读和参考书目。凡是他的著作,后面附录的参考书均为当时他所能见到的,即使不是穷尽,也是八九不离十。学者指出,他的《中国哲学对欧洲的影响》一书"中国哲学与法国革命"一章中就有 190 处引文和注释,可见搜集之多和用力之勤。笔者曾经读到他生前读过的一些书,以及整理他的著作,见到先生用红笔在空白处填满了批注,有时因字太小或太草,辨认非常不易。先生为了搜集写作的有关资料,可谓不遗余力,至今笔者手中珍藏的先生搜集的关于中国人到世界各地的资料剪报,厚厚一大本,有各种文字,出处清楚,批语遍布各处。他用于写作《中国景教》时作的书目笔记厚厚一本。就是他在"文革"时期向组织交代的"材料",第一稿也是改得满天花,经过几稿之后,才最后定型,恭整抄出。

朱谦之先生敬业心极强，将写作思考视为生命，学术是他的根本生命。他每天都有自己的读书和工作计划，事不毕，不成眠，有时白天思考问题，半夜梦醒，立刻起床伏案执笔。一旦写完一本著作，高兴忘怀。抗日战争期间，他在乡下写书，每逢碰到出外躲避敌人飞机时，他不带别的，只把自己的书稿带上，为此他专门做了一个背带，用来放书稿之用。有一次他回中大分校，路上碰到土匪，他扔下行李，只将书稿带在身上。在北大时，东方哲学教研室的同志经常每周在他家中开会，讨论工作，他总是高兴地拿出稿纸，喜悦地告诉大家今晨又写了多少字，"像个小学生完成了作业那样的高兴"。

朱先生生前拥有门类广泛的各种书籍，一共三万余册，堆了两间房屋。凡到他家里去过的人，都为他的藏书而感到惊叹！这些书有几个特点，一是大部头书也有，小薄的册子也有。例如他收藏有一套佛教频伽藏，像商务印书馆的知识性小册子，同样也被他收藏。二是他的书内容广泛。不管是专业书，还是一般的小说，他都有收藏，记得小时候在他家里看到几十种明清小说，以后稍长一点，又在他家里看到各种古人诗集和戏剧脚本。此外，在他所收藏的书中有相当一部分是外文书，由于他通晓英、法、德、日等多种外国文字，对国外的学术动态十分注意，所以能够尽快地吸收和消化国外的研究成果，步趋世界学术研究的潮流和开拓国内研究的新领域，充分体现了时代感。他的国学底子深厚，对我国的经史子集都有一定的了解或研究，所以我国古代的大部分著作，他都有收藏。1941年中大换了许崇清校长，文学院长谢扶雅也因学生反对而去职，许崇清拟请朱先生做文学院长，先生不愿意，因辞获免，继任校长是天文学家张云教授，再次相邀先生任院长。朱先生为了向张云校长表明心意，乃以旧藏清初天文学家杨光先所著《不得已》一书与之，以明不得已之意。笔者还在他家里读到了关于陶瓷制作的小册子，足以说明他的"百科全书式"学者的深厚功力都是来自广泛读书和丰富藏书。三是他收藏的书系门类齐全、系统。朱先生逝世后，他的藏书一部分送给了广西的一所学校，一部分送给了中国社会科学院世界宗教研究所，还有一部分卖给中国书店。留在宗教所的书，均为一些与宗教有关以及日本哲学的专业书，其中关于日本哲学的著作，是我国这方面收藏最丰的一处。由中国书店收购的书，当时总价值计人民币六千余元，其中一套大藏经仅卖了五百元，今天已经市值六万元以上，所以先生生前拥有书籍的价值远不是可以用人民币来估价的。

为人正直，胸襟坦白，待人诚恳，是朱先生做人的最大特点。他一生中同许多名人有过交往，其中既有后来成为国民党和共产党的领导人，也有社会名流，还有著名学者，以及后来倒了霉运的人。但他却淡泊于名利，宁静而致远，一心做学问，从不趋炎附势。1948 年蒋介石到广州，接见中山大学教授，他不参加。有的朋友曾经受过他的恩惠，发迹以后，他不再与其来往，始终保持着一个学人的人格尊严。在他的朋友中，与他一直交往不断，友谊长达半个世纪的是至交梁漱溟先生，即使梁先生坎坷，他也不歧视，仍然与其往来，谈学论道，相互交心。朱先生逝世后，梁漱溟先生在日记中作了追思，感受跃于纸、哀于心！

朱先生严于律己，宽以待人，爱护人才，是一位谦和、忠厚的长者，诲人不倦的导师。在北大上学时，他住在"学旅"（一元钱一

图6 朱谦之与夫人何绛云

晚的学生旅社），晚上10点熄灯，但他要学习到深夜，只好用煤油灯。无钱买煤油时，就躺在床上思考学术问题，从不向人借贷，穷且益坚，不贪不苟，引以为豪。在中大任教时，他对学生关怀信任，唯恐其怀才不遇，凡发现优秀青年或有专长同学时，把名字记住，以免遗漏，并说"有才而无德，其才不可用"。他特设"谦之学术奖金"，并亲拟应试专题。他平易近人，和蔼可亲，常常走访学生，关心他们的生活，体察他们的苦乐。学生请教他时，有问必答，耐心教导，学生以"诲人不倦"四个大字的锦旗相赠。

新中国成立后，先生在北大哲学系任教时，曾指导过捷克学生鲍格洛（Timotrus Pokora）两年，研究《桓谭〈新论〉》，回国后鲍格洛常常给朱先生写信，把他的著作寄给先生，其中两篇还是介绍朱先生的《老子校释》和《李贽——16世纪反封建思想家》的文章。另一个是朝鲜人郑圣哲，研究题目是《程朱学对于朝鲜的影响》，回国后曾把他与人合写的《朝鲜哲学史》的朝鲜文版和日译版两种送给朱先生，并每年都有贺年片寄给老师。郑圣哲后来当了朝鲜科学院哲学研究所所长。朱先生在主持东方哲学教研组工作期间，满腔热情，精心指导青年教师，先后开出日本哲学史、印度哲学史和阿拉伯哲学史课。著名学者金宜久先生和戴康生先生大学毕业，被分配开阿拉伯哲学史课，朱先生手把手，开出详细书目，把他有关的藏书拿出来供两位阅读，时常讲解要点，解答疑惑，给他们鼓劲。20世纪90年代以后，笔者与金先生和戴先生谈起这件事情，他们对此仍然记忆犹新，感激不尽。戴先生特意说道，这些书在几十年后仍是我们要读的必读书。王亚南先生曾这样评价朱先生："至若就其（笔者按，指朱先生）研究的态度讲，我们在几年同事当中，每次见面必争论，每次争论必达到面赤耳热的程度，结局，他总会满意地说：'你所讲的很对。'但他这样讲的时候，言外决不忘记也给他自己满意的表示：'你所讲的也很对。'这就是说：绝对尊重他人的意见，同时也绝对坚持自己的意见。"朱先生的这种做学问的态度，被友人称为是"为生活而学问的态度"。

朱谦之先生用深邃的智慧构筑了精密的学术殿堂。他给我们提供了取之不竭的精神食粮，为纯洁的学术论坛增添了一块丰产的沃土，书写了中国学术史的新篇章。对一个人的评价，不在于他生前人们怎样论说，更重要的是看他身后是否仍然受到人们的怀念与重视，朱先生重版或新版的十几本著作，已经证实了这一点。试问20

图7 《朱谦之文集》十卷本，福建教育出版社，2002年

世纪有成千上万的学者大师，有多少人在身后还能得到这样的待遇？
但是朱谦之做到了！

心　愿

笔者有个心愿，由来已久。出于两代人的交往，我觉得更有责
任、更有必要写一篇纪念朱先生的文章，因为人们现在对他太不了
解了，以至于真有些陌生。当与人谈到朱谦之的名字时，很多人都
知道，但是一旦进入正题，又不能回答出来什么。记得小时候，随
父亲到朱先生家里，先生放下手中的活，和蔼地笑着跟我谈话，问
这问那，正是从这时我开始接触到朱先生，以至于后来影响了我的

成长。以后再有机会到先生家里，只感到满屋都是书，多得让人崇敬，虽然有亲近想看的欲望，但是确实看不懂，那就好奇满足地摸一摸吧！也许现在我经常买书的习惯也就是从这里开始受到影响或启蒙的吧。及至再长，进入"文化大革命"时期，先生这时身体已经不行了，休息在家，没有参加活动，只是有时到单位去报个到，见到我时，摸摸我的头，笑一笑说两句话。后来我随着历史的洪流，走上了"上山下乡"的道路，在四川西昌卫星发射基地边上的一个村子种地，再被招工到工厂，当一名工人，虽然每年有探亲假回家，但是这时朱先生已经离开人世。

我每年回家探亲，因为家里地方小，住不下，我就住到朱奶奶家里堆书的房间，虽然一些好书或值钱的书都被送走或卖掉了，但是仍然还有一些书堆在那里，于是我抓到什么书就看什么书，有时也翻箱倒柜找一找，总也能找到一些可以看的书。其中当然也有一些是朱先生的著作。出于学习和工作的需要，我越来越多地接触到先生的著作，也越来越认识到先生的伟大学术成就和博大精深的学问，以及他深邃的思想和高尚的人格，特别是近十年来作为朱先生的版权代理人，负责整理和出版他的著作，更加感到确有宣传先生的必要，不要让原本是金子的成就埋没在故纸堆里。为此，我在一些报刊上撰文介绍朱先生，编纂他的著作目录，并且参与了召开纪念朱先生会议的筹备工作，做了一些应该做的工作。

朱先生著作等身，学问广泛，对他的著作，要在一篇文章中完整地介绍出来是根本不可能的。朱先生在中山大学工作二十年，任史学系主任十年，文学院院长和哲学系主任数年，但遗憾的是，对于他在中大的贡献，就连中大的人也不知道多少……

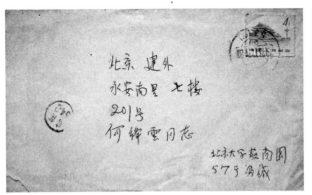

图8 1973 年 11 月，冯友兰致信朱谦之夫人何绛云

朱先生给我们留下的精神遗产是丰厚的，启迪是深远的，我们学习朱先生的地方有很多很多，在纪念会上，卓新平先生指出："我们纪念朱谦之先生，就是要学习先生以学术研究为主，以著述写作为乐的精神，对我们人文学者而言，为学不仅是一种职业生涯，而且是一种人生追求，我们钻研于其中，人生的乐趣、感情也在其中。人文研究乃是一个民族的文化积淀和精神温床，它需要其民族的知识精英去忘我地追求，全身心地投入。正是在朱谦之先生身上，我们看到了这种精神、这种境界的生动体现，我们对'衣带渐宽终不悔，为伊消得人憔悴'之表述也有了更深刻的认识。"

作者为中国社会科学院世界宗教研究所研究员，与朱谦之先生有世交，为朱谦之著作权代理人。

王力先生与中山大学

吴宏聪

世界有时仿佛很小。我一辈子教书，转了几间学校，没有想到转来转去竟两次进入中山大学校门。在中大教书，前后合计，超过了半个世纪，并且有幸在语言学大师王力先生身边工作了一段时间，耳提面命，获益良多，毕生难忘；而中山大学更使我魂牵梦绕，念兹在兹，结下了不解之缘。

我第一次进入中山大学是在 1946 年 9 月，那是抗日战争胜利后第二年，中山大学由粤北连山、粤东梅县等地迁回广州石牌原址复课不久，原西南联合大学教授王力先生由昆明北上回清华大学任教，5 月间途经广州，中大邀请他作短期学术活动，后被借聘为中大文学院院长。承他推荐，我便到文学院任讲师兼文学院秘书，协助王力院长处理一些日常行政事务。

当时广东省只有中山大学是国立大学，被称为华南最高学府，

图1 王力先生（1900—1986）

校址在广州东郊石牌。初进校门觉得一切都很新鲜。第一个印象是校舍十分雄伟堂皇，因为我刚从昆明西南联合大学出来，联大的校舍是抗战期间临时应急的建筑，非常简陋。宿舍一律是禾草铺顶、泥砖砌成的土房子，地板是泥地，窗户敞开，没有玻璃，碰到刮风下雨，屋顶漏水，屋檐下的滴水飘进宿舍，满地泥泞，寸步难行。教室的屋顶虽然是用马口铁皮盖的，但碰到大雨，房顶上叮叮响个不停，简直无法听讲，这样的校舍与石牌中大校舍相比，真有天渊之别。石牌中大文、法、理、工、农、师范六个学院（医学院在市内）除师范学院建筑风格不同外，其他各学院利用地形各占一个"山头"，全部是宫殿式的琉璃瓦大屋檐，教室和办公大楼均为新式钢窗水泥结构，各有特色，绝不雷同。文学院门前四根水磨石的希腊雅典式的大圆柱子，显示出浓郁的文化气氛，把人引进了一个审美领域，建筑师匠心独运，令人击节赞赏。

第二个印象是中山大学拥有文、法、理、工、农、医、师范七个学院，还有一个研究生院。学科齐全，这种规模当时在全国是数一数二的。

第三个印象是中山大学重视人才、尊重学术。战前中山大学是学生运动大本营，在广东又是"老大"，具有爱国主义传统；战后复员，求新务实，基本上体现了孙中山提出的校训——博学、审问、慎思、明辨、笃行的精神，校风学风都很好。

1946年，王力先生接长文学院，求贤若渴，在校长王星拱的支持下，大力延揽人才，聘请了一批学有专长的知名学者来校任教。抗日战争结束后，内迁学校，纷纷复员，人才流动性比较大，知名学者有多种选择的机会，中大是孙中山创办的华南最高学府，颇有吸引力。王力先生把握时机，积极引进各学科人才，以文、史、哲三系为例，在他任内，先后在文学院任教的教授，中文系除原有钟敬文、詹安泰、吴三立、黄海章等教授外，还有新聘的李笠、方孝岳、商承祚等教授；历史系除原有的岑仲勉、曾纪经、罗香林、郑师许等教授外，新聘的教授有刘节、朱延丰、阎宗临、杨成志、楼公凯、陈锡祺等；哲学系除原有的朱谦之、吴康、李白华、马采等教授外，新聘来校的有熊十力、黄艮庸、洪谦、方书春等教授。王起教授也于1948年秋应聘来中大中文系任教，人才荟萃，盛极一时。

特别值得提出的是王力先生1946年在中大创办语言学系，聘请岑麒祥教授担任系主任，聘请杨树达、谭戒甫、方光焘、严学宭等教授讲授语言学科有关的课程。当时全国各大学设立语言学系的为数不多，王力先生这一创举，为培养语言人才，促进语言学科发展提供了一个"基地"，王力先生是中大语言学学科的奠基人、开拓者。

图2　王力在西南联大。右起依次为王力、闻一多、罗常培、罗庸、朱自清

　　王力先生原是我在西南联大念书时的老师,我1938年考入西南联大中文系,进校后听高年级的同学介绍:王力先生没有接受系统的中学、大学教育,自学成才,国学根底非常深厚。1926年考入清华大学国学研究院,超群出众,深得毕业论文(注:论文题目为《中国古文法》)导师梁启超、赵元任的赏识,梁启超盛赞论文"精思妙语,可为斯学辟一新途径"。在眉批中还批上"卓识""通极""所论二特性真足开拓千古,推倒一时"等等,赞扬论文的创新精神。据说他是1926年国学研究院同班三十二位同学中,唯一跟赵元任先生学习语言学的研究生,深得赵先生真传。1927年他赴法国留学,攻读实用语音学,1931年获得文学博士学位,旋即回清华任教。抗战爆发后,王力先生随校南迁到昆明,在联大八年,先

后教授"中国文法研究""语言学概论"和"中国现代语法"等课程，我选修了后面两门，即"语言学概论"和"中国现代语法"。记得"中国现代语法"中举了不少《红楼梦》的例子，《红楼梦》是文学名著，大家耳熟能详，自以为读得懂，哪晓得提到语言学的层面来分析，还有许多奥妙，引人入胜，因此他的课很受欢迎。后来王先生把 1939 年用的讲义"中国现代语法"，经过修改充实，分成两部书《中国现代语法》和《中国语法理论》，由商务印书馆正式出版。1946 年、1947 年他在中山大学语言学系讲授"中国现代语法"和"中国语法理论"，即以这两本书为教材。学术界认为《中国现代语法》运用现代语言学理论，剖析了现代汉语语法结构规律和汉语句法的特点，极有创见；而《中国语法理论》则着重理论的阐述，主要比较了汉语同英语、法语的异同，现代汉语和古代汉语的异同，同时旁及现代汉语与梵语、希腊语、拉丁语等多种语言以及现代汉语与苏州话、广州话、昆明话等多种方言的差别，阐明了语言的民族性、时代性和地方性。这是语言学入门的课程，打基础的课程，王力先生当仁不让，亲自主讲，可见其对语言学系的重视，说明他已下足决心，非把中大语言学系办好不可。

王力先生主持中大文学院工作时间

图 3 梁启超赠王力对联

不长，但给人留下深刻印象，除了上面提到的他求贤若渴延揽了一批知名专家学者来中大任教、创办语言学系，主要还由于他治学闳通，求新务实，尊重学术，善于营造一种学术气氛，让专家学者尽展所长，行政上从不加任何干预，这是不标榜学术自由的自由。当代著名语言学家郭锡良说：王力先生提倡的求新务实是相辅相成的，求新而不务实则近乎妄，见实而不求新则不免于迂（郭锡良：《王力先生的学术道路》，《纪念王力先生九十诞辰文集》，济南：山东教育出版社，1992 年，第 14 页）。确实讲得很好。我认为 1946 至 1948 年是中大文学院学术气氛最活跃的两年。回溯历史，中大以前也有过辉煌的年代，1925 年至 1927 年，北方学者相继南来，鲁迅、郭沫若、郁达夫、许寿裳、孙伏园、傅斯年、顾颉刚、罗常培、杨振声、孙福熙、俞平伯、罗庸等学者都曾应聘来到中大文学院任教，鲁迅还曾被聘为文学系主任。但一来因时局变化大，社会不安定，二来许多学者在校逗留时间不长，多数只待上一年半载，有的三五个月便离开了，不能尽量发挥专家作用。抗战胜利后的形势则完全不同，这对校风、学风的形成有很大关系，王力先生功不可没。1948 年夏，王先生为岭南大学借聘，任文学院院长，我也离开中大到广西大学去了。

我第二次进入中大是 1949 年 11 月，广州刚刚解放才半个月，这又是一个历史转折的关键时刻，我仍在文学院中文系任教。随着社会大变革，弃旧迎新，文化学术界面临着一个文化学术转型期，有些东西我们一时不适应，有些事情一时不理解，于是全国掀起了一个学习马克思主义的高潮。1952 年，全国开始进行院系调整，中大保留文理两个学院，工、农、医、师范学院各自独立，由中大

图4 1947年王力（右）与陈寅恪在广州

分出去，法学院则并入中南财经学院和政法学院，中山大学由石牌迁入广州河南康乐村原岭南大学旧址（岭南大学及广州其他私立学校文理科与中大合并）。岭南大学原是教会创办的私立大学，校舍风格跟北京的燕京大学差不多，校园内古木参天，林荫蔽日，二三层的西式小洋房，错落有致，由礼堂向珠江边延伸两条校道，两旁的榕树拖着长长的气根好像老人的美髯，礼堂门口的几块草地绿草如茵，拓宽了人们的视野，格局虽小，倒不失其大方，环境幽静，堪称一流。

由于院系调整后实行校系两级管理体制，取消学院，王力先生改任中山大学语言学系主任，我因为兼任教务处秘书，行政事务需跟学系联系，我又一次获得在王力先生身边工作的机会，虽然不像石牌中大时那么直接，但要向他请示的事情还是挺多的。这时办学模式已由欧美模式转变为苏联模式，各系主任主要精力都是抓确定培养目标和课程设置等几项工作。当时王力先生结合中国实际，参照苏联做法拟订了一份专业教学计划，决定开设"语言学概论""现代汉语""古代汉语"等基础课，高年级根据自身条件则开设"汉语语音史""汉语语法史""汉语词汇史"和"方言研究"等课程，为新时期语言学科发展建构了一个框架。除行政工作外，他还结合教学带头大力开展科学研究，成绩显著。

1954年秋，上级决定中山大学语言学系合并到北京大学中文系，王力先生也调任北京大学汉语教研室主任，以后一直在北大任教，长达三十二年（王力先生于1986年5月谢世）。在这期间，虽然学术界受到极"左"思潮的种种干扰和冲击，"文革"期间又遭受浩劫，但他仍笔耕不辍，先后完成了《汉语语法史》《汉语语音史》《汉语词汇史》三部力作，1961年受全国高等学校文科教材会议委托主编的《古代汉语》，不仅体系新颖，内容丰富，适合教学的需要，而且在常用词训释、通论内容方面都有创新，受到国内外学术界的赞誉。王力先生著作等身，不能——一列举，据统计，他在五十多年的教学和学术活动中，出版了专著四十多种，发表论文两百余篇，收入《王力文集》二十卷本中的文字便有八百余万字，不少著作被译成日、英、法、俄、捷克等国文字，在外国发行，蜚声海内外。1980年教育部部长蒋南翔在王力先生八十寿辰庆祝会上讲话，盛赞王力先生"是教学和科研相结合的典范""是我国高等教育界的一个杰出代

图5　1979年11月，王力参加全国文代会与代表合影。前排左起依次为林庚、吴祖缃、杨晦、王力、王瑶，后排左起依次为谢冕、段宝林、刘绍棠、费振刚、宋士杰、赖林嵩

表"。面对着如此崇高的赞誉，王先生非常感激，也非常谦虚，致谢辞时即席赋《调寄浣溪沙》词一首：

> 自愧庸材无寸功，不图垂老受尊荣，感恩泥首谢群公。
>
> 浩劫十年存浩气，长征万里趁长风，何妨发白此心红。

感情真挚，十分动人。1990年，北京大学举行规模盛大的《纪念王力先生九十诞辰语言学研讨会》，中文系系主任孙玉石教授、著名学者张志公、俞敏、周祖谟和刘坚等几位先生先后在会上讲了话，孙

图6 晚年的王力先生伏案工作

玉石教授说："王力先生是我国近百年文化史上最卓越的语言学家之一。他以渊博的学问、过人的才识、拓荒者的气魄和坚韧不拔的精神，在语言学的领域里辛勤耕耘，纵横驰骋，肩负起了开创中国现代语言学的重任，获得了举世瞩目的成绩。他在汉语音韵学、词汇学、语法学、汉语史、语言学史、诗律学、方言学、实验语音学等语言学科的各个方面都进行了潜心研究，做出了空前的创造性的贡献……王力先生在中国语言方面的成就，使他成为开启一代的大师。王力先生是我国最杰出的教育家，他从事教育事业半个世纪之久，他具有高瞻远瞩的气概和放眼未来的目光，重视教育、培养人才已经成为他学术灵魂的最高追求……"（宋绍年、孙景涛：《纪念王力先生九十诞辰语言学研讨会纪实》，《纪念王力先生九十诞辰文集》，济南：山东教育出版社，1992年，第4页）

　　这虽然是后话，但1946年王力先生在中山大学创办语言学系，不就是为了开创中国现代语言学，实现他重视教育、培养人才的最高追求吗？中山大学的语言学系是他开创中国现代语言学的先行点、试验田，我作为王力先生的一名学生、一名在中山大学工作了五十多年的教师，为王先生取得辉煌的成就而感到无比欢欣，也为中山大学曾有一代大师来校任教而感到自豪。他虽然走了，但他的学术著作和师道人品已成为我们宝贵的精神财富，后学的风范，名山事业，薪火相传，王力先生的名字和中山大学联系在一起，必将永远流传下去。

作者从西南联大毕业后，先后任教于西南联大、中山大学、广西大学，1949 年后任教于中山大学，曾任中文系教授、系主任，现当代文学研究专家。

"为学同做人当相一致"

——刘节先生学术小传

曾宪礼

一

刘节，原名翰香，字子植，曾用笔名妒秋、知非、青松、青、松。1901 年 8 月 8 日生于浙江永嘉县（今温州市城区）。1977 年 7 月 21 日病逝于广州。

先生幼承庭训，及长，相继就读于永嘉省立第十四中学、上海商学院、上海私立南方大学哲学系、上海国民大学哲学系。1926 年秋，考入北京清华学校国学研究院。1928 年毕业后，到天津南开中学执教并兼任南开大学讲师；至 1930 年秋，转任河南大学文学院教授兼中文系主任。1931 年秋，回北平任国立北平图书馆编纂委员兼金石部主任，1935 年秋转北平燕京大学文学院任副教授。1937 年夏，由国立北平图书馆推荐，拟应多伦多图书馆聘赴加拿大工作。

图1 刘节先生（1901—1977）

是年7月初，携眷离平赴津，候船赴加，值"七七事变"，即由津水路赴沪，1938年兼任上海大学教授，同年冬，只身自上海水路至香港，辗转越南、昆明、贵州等地至重庆。1939年春入中央大学任中英庚款派驻研究员，是年秋到贵州都匀任浙江大学史地系教授。1940年春夏间，转至成都金陵大学任文化研究所研究员，是年秋，旅次重庆专任研究工作。1944年秋转入重庆中央大学任历史学系教授。1946年夏，返乡接眷由上海到广州，入中山大学任历史学系教授终其身。1956年在全国教授评级时，被定为二级教授。任教中山大学时，一度担任史学系主任和古物馆主任，并曾任第三届广东省政协委员。

二

刘节先生治学自哲学始，这跟他入读清华国学研究院前就读于
上海私立南方大学哲学系、上海国民大学哲学系不无关系。他最初
发表于 1926 年的两篇学术论文就是《性相两轮论》和《实证哲学》。
入读清华国学研究院，正值古史辨派起，先生治学受时风影响，而
将哲学研究与古史考证相结合。他报名专修之科目为中国哲学史，
所登记的研究题目为《中国古代哲学之起源》，其研究成果《〈洪
范〉疏证》即在"发见《洪范》系战国晚期作品，于中国古代哲学
思想起源一问题上有所贡献"（见刘节先生档案——1952 年自填《教
职员履历表》）。他的导师梁启超先生为之题记，肯定在《尚书》真
伪及年代问题的研究中，"《洪范》问题之提出，则自刘君子植此文
始"；更推许其用以论证"《洪
范》为战国末年作品""最强之
证据"，"皆经科学方法研究之
结果，令反驳者极难容喙"。在
翌年写成的毕业论文《好大王碑
考释》中，刘先生用该碑铭多种
拓本相校勘。在前人考释的基础
上，广取汉魏六朝隋唐碑版文字
相对照，使原漶剥已甚、模糊不
清的碑铭文字得以通释，再据碑
文，博引中、朝、日等国有关史

图2　青年时代的刘节先生

籍相参证，运用历史地理学、音韵学等知识考定高句丽古国的族属源流、居地沿革、世系承递及其兴替史迹等。梁启超先生跋其文谓："喜此篇之作，能为金石学界开一新路。"刘先生此时的著述已显示了他从事古史研究的志向和功力。

据先生《〈古史辨〉第五册序》所述，就读清华国学研究院时，先生与同学"时常谈到今古文问题，当时就想从《洪范》起，依次《尚书大传》《春秋繁露》

图3 《古史考存》（刘节著，人民出版社，1958 年）

《白虎通》《汉书·五行志》，然后数到诸经的经本和经说，以及先秦诸子，汉代纬书，同《史记》《汉书》中各处提到阴阳五行问题的地方，都要把它抽绎出来，下一番细功夫"，后来得知顾颉刚先生在这方面已有深入且成效颇著的研究，于是就"转向研究甲骨金文的路上去"。不过，刘先生转向甲骨金文研究的最主要原因，还在于他有感于先秦书面文献匮乏，而其中夹杂的传说成分太多，且历代学者对其理解又聚讼不休，于是"只有向殷墟书契同两周金文上开扩出新境地"，继承自宋至清的学者直到王国维先生所运用的以出土新材料与古代书面文献相释证的方法考订古籍，拓展史料范围，进而整理旧的古史系统，建构新的古史体系。自 1931 年任职北平图书馆编纂委员兼金石部主任起至 1937 年因"七七事变"而离开北平时止，这一时期，刘先生的著述大都与甲骨金石等传世或出土的古器物研究有关。如参与编撰《续修四库全书总目提要》（金石文字部分），撰写提要二百多则，所提要诸书，除了与古文字学研究有关系外，大多是前贤时彦对甲骨彝器、碑石砖瓦、秦陶古玉、钱币印玺、铜镜铜鼓、画像造像、法帖砚墨等古器物的著录、整理、研究。二百余则《提要》，虽多短制，但或略述其著作缘起，或简介其著述内容，或评议其文化价值，或概括其学术精要，或指陈其文字长短，如此等等，不一而足，要皆考核精核，辨析明确，评论切当。与此同时，刘先生还在北图馆刊等多种刊物上发表过数十篇新版书籍的书评、简介或商榷文字，其中不少亦与甲骨金石等研究有关。如《两周金文辞大系商兑》，及对美国福开森著《周铜鼓考》、徐中舒著《翏氏编钟图释》、张国淦著《汉石经碑图》、商承祚著《殷契佚存考释》等书的评介。不管是提要还是书评，刘先生这些文章，虽属针对他人著述而发，但俱足以显示他对甲骨文、金石学、考古学、古器物学、古文字学、古音韵学和古文献学的深厚学养，所以他这时期写的《中国金石学绪言》能就金石、甲骨及简牍诸学的缘起、流衍及其与经史、地理、文字、书法种种学术之间的关系作出简明精要的概括，历列重要著述与名家如数家珍，指示研治途径能言简意赅。

不过，刘先生对甲金诸学的研究主要目的在考核书面文献，并与之相释证以论次史事，而他对甲金诸学的深厚学养，恰成其古史研究的坚实基础，这一时期他所写的《翏氏编钟考》，"于春秋时建筑长城的年代及古代部族对于大部族的关系有所考定"。《古邢国考》"叙述邢部族之由来及其在殷周之际移徙的经过"。《楚器图释》"证明作器年代、地点及楚民族与其他小部族之关系"《禺邗王壶跋》"证明禺邗、工渔诸族即《尚书》中之嵎夷、莱夷，即春秋时之句吴""乃沿海一带之原始部落"。（以上引文皆出自刘先生1952年自填履历表）《旬君孛子壶跋》证明"郇为周初小侯国，后入于晋……三家分晋，地入于韩"（见《旬君孛子壶跋》）《周南召南考》考定周初二"南"之疆域及与周召二公采邑封赐之关系等问题，刘先生在《〈古史辨〉第五册序》曾拟构一个《上古史长编》的编纂范围，其中包括：年代、地理、氏族、语言文字、民俗、社会组织、政制、学术思想、工艺、文学十篇，以此作为建构新的古史体系的《上古史大纲》的编纂基础。以上文章显然可见

图4 刘节先生手书格言

刘先生在以甲金诸学为基础考证古史的工作中对古代氏族问题研究的重视。他这方面的研究在离开北平旅居重庆期间仍继续进行并且逐渐形成系统的见解。如，他从1941年到1943年陆续写成的《释彝》《夷狄与戎狄》《汉族源流初探》《诗经中古史资料考释》《中国古代氏族社会之分布及其关系》等，都是围绕古代氏族的图腾、氏族的流衍分布与迁移、氏族间的关系等问题展开研究的文章，而1943年写成的《中国古代宗族移殖史论》一书，则是这方面研究的总成之作。书中，作者借鉴摩尔根的《古代社会》、罗维的《初民社会》、缪勒利尔的《家族论》等著作的观念，综合运用语言学、

图 5　刘节《诗经中古史资料考释》，载中国史学会编《中国史学》第一期，1946 年 5 月

考古学、民俗学、社会学和人类学的方法，从文明演进的角度去说明中国上古社会的历史发展，论证了"中国古代的图腾社会发展为有姓氏制度的城邦，再由有姓氏的奴隶社会发展为初期封建社会"的经过（见刘先生 1952 年自填履历表）。先生把书中有关上古史分期的一章看作"上古史的骨干"，反映了他以该书建构新的古史体系的意图。

除上述对中国上古氏族、宗族制度的研究外，旅居重庆期间，刘先生学术研究的范围颇广而成果亦甚丰。如他写于 1942 年的《老子考》，分析今本《老子》的思想特点和渊源及其语言的承继性和蜕变，考定《老子》一书的著作年代；1943 年写成的《辨儒墨》一文，辨析儒墨之名义，追溯儒墨二家学说的文化渊源，并分析其特质；写于同年的《管子中所见之宋钘一派学说》，从《管子》中折出《白心》《心术》《内业》诸篇，把它们考定为宋钘、尹文的学说。像这样有关中国思想史、哲学史的文章还有《张衡传》（收入《历史论》一书）、《明代心学批判》（未完）。语言文字学研究方面，1940年起校注《广韵》，"在金陵大学作成《广韵声类》一书，考明古代声类分合之关系。""1944年开始在中央大学作中国古代语言史之研究。"（见先生1952年自填履历表）1941年发表了《研究中国语言文字的新路径》一文。在历史哲学研究方面，《历史论》和《历史上的两种法则》（收于《历史论》中）两文集中地表达了他全面系统的历史观和史学观。在中国史学史研究方面，1943年写的《左传国语史记之比较研究》，除了通过《左传》《国语》《史记》三书的史实记载内容的比较，指出三者之间的同异点及其相互间关系外，尤为值得注意的是文中后来收入他的《中国史学史稿》的《古代史籍之雏形与蜕变》一节。此前有关中国史学史的著述，讲古代史著及其编纂，多溯源《尚书》《春秋》或《诗经》《易经》，而刘先生此文首次揭示"卜辞是记事史的老祖宗"，卜辞的记事形式显示了中国古代历史记载的实事求是精神，并指出周代彝铭的记事形式继承了卜辞，其后再演变成《春秋》的文例，而《尚书》中一些篇章的记事方式也与卜辞、彝铭相近，"可以看出经传里的文章，在甲骨、金文里都已经有一雏形，逐渐蜕化成长"。这些看法对中国历史编纂学和中国史学的实录精神的研究都是饶有深意的。在文学研究方面则有1943年写成的《诗与幽默》《中国文艺观赏录》和《张衡传》中的部分章节。文章虽少，但也足见刘先生对文学与人生、文学的审美意趣和对赋这种文学体裁的起源与衍变等问题的看法都非泛泛之论。

此外，这一时期刘先生还有《人性论》一书，原拟跟《历史论》一起出版，其中包括十篇文章：《人性论》《人格论》《心境之分析与调理》《青年之修养》《意志的价值》《达自由之路》《甘地精神与容忍》《力的哲学》《礼说》《乐说》，加上收入《历史论》中的《国家观念之起源及其发展过程》《理想　社会　人生》《民族更生之理论》等，这十数篇文章反映了刘先生对人性、心理、人生、修养、道德、伦理、民族前途和国家观念等问题的广泛关注。这些文章或沟通古今之思想，或融会中西之观念，大要是从文化的视角去研究人类的精神活动和当时社会的人生与道德观念，关注国家与民族的前途和命运，注重道德理性的张扬与培养，注重人格的自我完善，表现了作者热切的文化诉求与人本精神。刘先生曾说："历史正是民生日用的写照""我们研究历史，就是为这民生日用"（《〈古史辨〉第五册序》），又说："历史有发展文化的功能""一部文化史，即是人类用自身的力量，促令理性逐渐实现的过程""人世间一切事情，同历史都有关系"（《历史论》）。明乎此，刘先生对以上问题的关注就是非常自然的事了。

三

1946年夏，刘先生结束了在重庆中央大学的任教工作，返乡省亲，并携眷经上海至广州，入中山大学任历史系教授。

任教中大初期，刘先生仍继续着以前以卜辞彝铭考证古史的研究工作，如1947年写成《麦氏四器考》证明麦氏与牟莱、微卢、苗黎族之关系，认为它们都源于古代的貊貉族；1948年写成《释嬴》，证明黄帝之传说源于古代嬴氏部族，"黄帝"这一观念"实为嬴图腾部族之转化"。但相比较而言，刘先生似乎把更多的注意力投入到了中国古代语言学的研究。

刘先生在1952年7月10日自填的履历表中提到："1944年开始在中央大学作中国古代语言史之研究""1949年在中山大学继续做这项工作，想从古文字里发现古代人的语言。语言中最基本的东西有二样：一个是'语根'，另一个是'语法'。这两样东西本身就是古代史"。自从史太林全志发表了语言没有阪（阪《集韵》："讫立切，音急，阶，等也，通作级。"看来，刘先生是按"阪""级"

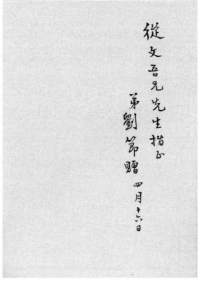

图6 刘节《楚器图释》签名本，赠沈从文

二字之通假关系而又取其义，把"阪"当作"阶级"二字的合文用——编者注）性说以后，"我越加信从'语根'里可以发现古代人的社会制度；从'语法'里可以发现古代人的意识形态，现已作成《古代成语分析举例》一文，尚有《古代转语考》一文即将发表"。《古代成语分析举例》一文发表于《岭南学报》第十卷第一期，后收入《古史考存》，该文举"不廷方""对扬"等六个"不能很容易在字形或字音上看出或听出意义来"的成语，解释其意义，追溯其意义来源，其中，又往往连及古代的社会文化制度的阐释。他特别指出："从一部族的成语里，可以看出这一部族的文化特质……从这种成语里，可以溯源到这种语言的原始状态；并且可以从这些成语里分析出许多社会学上的事实。"通过这六个成语的释义，刘先生

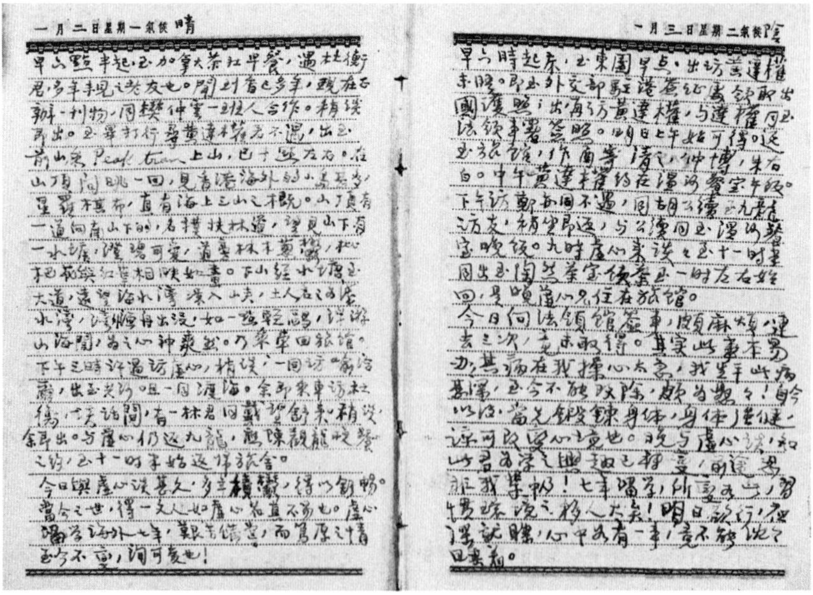

图7　刘节日记节选

还归纳出中国古代语词使用中的转化特点：一、古代许多语词都远源于名词，而名词中以部族名为最重要；二、古代部族名之转为其他名词者，以古代地名之间接引渡者为最多；三、古代转语之异化、同化作用，大体以重言、倒读两种为依归，而音理之转变，以双声为干，叠韵为枝。

可见，刘先生是把中国古代语言学的研究当作上古社会的历史，尤其氏族、部族制度史研究的钥匙。从他这篇文章里可知道他已写成这方面内容的文稿有《言语古物学》《古代语文史论》《古代转语考》（包括三个主要部分《貊貉转语考》《工渔转语考》《颛臾转语考》），从他两页手稿所开的文稿目录可知，还有《果蠃转语考》《三代地名学》《释祊》等。根据山西人民出版社 1983 年出版、晋阳学刊编辑部编的《中国现代社会科学家传略·刘节传略》所列"刘节著作目录"，还有《中国语文史》（稿）。

中华人民共和国成立初期，刘节先生在给学生授课时，编成了《中国通史大纲》《中国史学史》两种讲稿。其中《中国史学史》讲稿初成于 1955 年，后又做过多次补充修改。至 1982 年才由曾庆鉴、林道南、刘继章先生共同整理，由中州书画社出版。曾庆鉴等三先生在该书的"说明"中对这本书的特色有扼要而中肯的评述。还有李锦全、曾庆鉴、刘继章三先生所写《刘节传略》（晋阳学刊编辑部编，山西人民出版社 1983 年出版的《中国现代社会科学家传略》）对刘节先生史学史研究的评价，亦可视作对刘先生此书的学术和思想评价。此外，仍应指出的是，该书第三章《古代史籍的雏形及其蜕变》虽原出于刘先生 1943 年写的《左传国语史记之比较研究》，但在本书中，稍经增删整理、分节标目，内容更为集中，表述更为严谨，论证更有条理，思想更为明晰，使读者对中国古代史籍的渊源和流变易得更清楚的认识。另外，作者将史官和史官制度作为贯穿整个古代史学发展过程的一个内容来叙述，这对理解中国史学的特色也是很有意义的。

1956 年，刘先生写成《西周的社会性质》一文，参与当时史学界对古史分期问题的讨论。这篇文章同样涉及古代的氏族、宗族制度问题，刘先生尝试改变《中国古代宗族移殖史论》一文从文明演进的角度说明中国上古社会历史发展的做法，而以马克思主义的唯物史观作指导，从生产力的发展、生产关系的变化以及马克思主义著作中所提出的社会形态划分的方法，去说明古代社会的历史发展状况和奴隶社会与封建社会的分期，刘先生仍坚持认为自己原来的观点与马克思主义的唯物史观并不相违背。

1959 年 1 月，郭沫若先生发表了《谈蔡文姬的〈胡笳十八拍〉》一文，给予曹操很高的评价，引起了全国学界的热烈讨论。针对当时学界一些人对曹操的看法，刘节先生也写了《曹操对于改造社会制度方面的贡献》以响应。他首先肯定曹操在军事、文学上的天才和在当时的一些功劳，接着指出，这些都被司马光说完了，说得非常恰当，没必要再为曹操翻案。他还针对一些人提出的曹操镇压豪强、打击世族政治、推行屯田制度的看法，引证大量的史实加以批驳，并指出曹操作为一个封建主义的政治家不但有阶级的局限性，而且个人性格也相当狠毒忌刻而且自私。从刘先生的文章可看出，他不但本着史学家实事求是的态度对历史人物作出历史批判，而且还坚持按基本的道德标准进行道德批判。所以在 1966 年，当《论〈海瑞罢官〉》一文掀起批清官的浪潮时，刘先生仍然以长期受批判的"待罪"之身，逆风而上，为文疾呼《清官是人民的要求，不是统治者的美化》（载《学术研究》1966年第3期）。当然，文章还是学者式认认真真地理性地摆史实、讲道理，但文章中的一段话："道德感是人类的社会本性，就因为人是社会产物，这种特性必然地会反映在人类的意识形态中。其表现形式就在于个别人的言论和行动，若就其本性说，则是社会的，这就是道德感能够形成为舆论，出现了所谓清议的缘故。……道德形式、面貌可能有种种不同的过渡形式，但是不会死灭……"正可说明，又是"道德感"，才使刘先生怀着"是可忍，孰不可忍"的道德义愤去对那样的论调作历史批判，同时也进行道德批判。刘先生因此而受到了不同于以往的思想批判与身体的批斗。

由于政治形势和学术风气的变化，早在20世纪50年代后期，刘先生已不能完全按自己原来的治学方向进行史学研究，但他生性耿直，治学不隐瞒自己的观点，心底仍谨遵"精神独立，思想自由"的师训，所以为文并不"曲学以阿世"。1959年《理论与实践》登载了他的《自我批判和答辩》，1962、1963年间，他又先后发表了《中国思想史上的"天人合一"问题》《孔子的"唯仁论"》《墨子的"兼爱"和实利思想》《怎样研究历史才能为当前政治服务》等文。在这些文章中，他虽然接受了对自己观点的某些批评，但大体上无论是对历史上的两种法则的看法，还是对孔子、墨子的思想评价；无论是对疑古、考证的治学方法，还是对阶级斗争理论不能教条、机械地用以解释古代历史事件的看法等等，都基本坚持自己一贯的学术观点。

1966年"文革"开始以后，刘先生再无学术文章可写了，但

他的学术思维并没停止，那就是读书！刘先生在两种情况下所显示
出来的读书境界恐怕是很少人可以做得到的。一种是在"文革"中
即便环境再极端，只要不被监督或指令写检查，晚上几乎都在读
书。一种是在 1973 年 6 月经检查已知身罹癌症的情况下，只要身
体情况不太坏，还是在读书。翻阅他 1966 年以后的日记，你会见
到一个年近古稀的老人，经常是上午写检查，下午劳动，"晚阅《抱
朴子》四篇"；或上午洗厕所，下午写劳动与思想总结，"晚阅《古
代希腊·罗马社会研究》"，或"晚阅梅因《古代法》"等等。翻阅
他 1973 年以后的日记，你会见到一个年逾古稀的老人，"照射（即
放射治疗——编者注）二分半钟，读《洛阳伽蓝记校释》"，或"到
第一人民医院就医……读《文选》"，或前一天"到市一就医"，而
第二天"读《辩证逻辑原理》"，等等。而从字迹看，当时先生因
病书写已不能自如。而且他读书范围极广，古今中外、文史哲及天
文、数学等等，多所包括。据他 1966 年 8 月 31 日至 1977 年 5 月
6 日所写日记，他读过的书有一百五十余种，册数不论，因为有的
书一种就有多册，如读《晋书》自 1967 年 10 月 30 日"起第六卷"
至 1968 年 5 月 8 日竟，接着是《朱子文集》自 1968 年 5 月 10 日
起至 6 月 27 日竟。《资治通鉴》的阅读则自 1971 年 11 月 23 日起，
至 1973 年 2 月 3 日竟。这段时间，刘先生对其所读的一些书，应
该是有读书笔记的。据钟显华的《刘节学术年表》（载杨瑞津编《刘
景辰刘节纪念集》，香港出版社 2002 年出版）可知，至少刘先生读
《资治通鉴》是有校点批注的。

刘先生这种读书治学的境界，或许用他于"文革"初期（1967
年左右）的《我之信条三则》里的话可以解释："我相信为学同做

人当相一致，二者之中如果有了矛盾，必定是其中一方面的信仰发生动摇……假定有一种势力要打破我的信仰，使我不能安静为学，我当然要抵抗。做人为学已四十年了，心中光明，对于做人为学的兴味如泉之始涌。设若有一种势力要阻碍我的志向，使我不能如愿以偿，我当然要拿出毅力来。……为学同做人能打成一片，这样的学问才不仅是为谋生的职业，而是造次必于是，颠沛必于是的真生活，这种生活是很快乐的，是前途无量的，这才是真正的成功。"又或许用刘先生写文章所引用过的先贤古训可以解释："古之学者为己"——读书治学的目的首先是为了自己道德的完善，人格的完善。这就是刘先生最高的学术境界。

（有删改）

作者为中山大学历史学系副教授，编有《刘节先生文集》等。

忆冯乃超

王宗炎

我常常怀念冯乃超。

冯乃超这个名字，今天的中青年人知道的恐怕不多了。李江的《冯乃超传略》叙述了如下事实：

> 冯乃超：诗人、戏剧家、小说家、文艺评论家、革命活动家和教育家。

> 1901 年出生于日本横滨华侨家庭，曾在日本念大学；1925年参加创造社工作；1928 年参加中共，以后长期做革命文艺工作；1951—1965 年任中山大学党委书记兼副校长；"文化大革命"期间受到批斗，1972 年平反；1975 年离开中大，1983 年在北京病逝。

图1 冯乃超先生（1901—1983）

　　我和冯乃超经常接触，只有半年，即 1952 年下半年。那时他是中山大学副校长，我以一名普通教师的资格，到校长办公室做些文书工作。由于关系不深，我所知的不是他的革命生涯和文艺活动，只是他在中山大学一个时期的领导工作。像中大的许多教师一样，我认为他是一位难得的领导人，一位能团结知识分子一起前进的人。

怎样对待知识分子

　　冯乃超 1951 年由北京来到中大，那时广州解放了才一年半，在许多南来的革命干部眼里，中大原有的教师都是不革命乃至反革命的，应当受到轻视、鄙视。冯乃超的看法可不是这样，无论对哪一位教师，他都和颜悦色，平易近人。

中大那时的教授，有的是大名鼎鼎，如史学家陈寅恪；有的名气不这么大，可是都很自负，很倔强。中文系教授容庚说："我是一匹野马，骑我可不是容易的。"历史系教授刘节说："现在有些人不是意气风发，而是意气发疯。"外语系教授林文铮说："如今我们的领导是侯门似海，想见见他也难。"听见这些刺耳的话，冯乃超并不生气，因为他知道领导知识分子不是一件简单的事情。

1952年，中大举行思想改造运动，那有两重作用：一是要教师们交代历史，二是要他们检查思想。对于这个运动，冯乃超采取非常慎重的态度，结果很好。当时中南教育部部长徐懋庸来到广州作报告。他说："有人以为搞思想改造，投鼠必须忌器，我认为尽管忌器仍须投鼠。"对于这样的话，冯乃超不以为然。他说："知识分子不是老鼠。"

图2　1927年，创造社成员摄于日本东京。左起依次为冯乃超、王道源、陶晶孙、李白华、成仿吾

怎么做学校领导工作

1952 年，中山大学有三位领导人：校长是许崇清，副校长是陈序经和冯乃超。他们在教养、经历和思想上各不相同。冯是革命干部，当然是马克思主义者；许是老教育家，美国杜威教育理论的最早介绍人；陈序经也是老教育家，但他是美国教会所办的岭南大学的原校长，又是"全盘西化"的倡导者。

出乎意料，这三个人合作得很好。冯乃超不认为教会大学只是"文化侵略的急先锋"，毫无可取。相反，他说："岭南大学有许多很好的规章制度，我们应当学习。"正如他所说，岭南的校舍和图书管理方法，显然比旧中大强。

冯乃超爱惜人才。当时有一位叫胡肇椿的人类学家无事可做，梁钊韬教授提到他，冯乃超马上把他请到中大来。大家知道，按当时说法，人类学是"资产阶级科学"，谁也不屑一顾。

50 年代提倡学习苏联，什么都要一面倒。中大外语系教英语，也要采用苏联教材 *Advanced English*。对于这书，有一位教授——美国籍的骆夏露德，她是骆传芳教授的妻子——指出其中有些语言问题，这一下可掀起了

图 3　1949 年，任文化教育委员会副秘书长时的冯乃超

轩然大波。

指摘苏联教材，那可不是"反苏、反共、反人民"吗？政治课教授钟一均发急了，他连忙跑来向冯乃超请示。

冯不慌不忙地说："苏联教材嘛——我看嘛——也是可以讨论的。"

有一位行政干部指挥不灵，又不好自己出面，建议冯乃超就此事"发一点脾气"。冯说："当领导人要是非拿起鞭子不可，那就是无能。"

一个尖锐的问题

冯乃超受到中大多数教师的欢迎，可是校内某些"左派"火了。对于什么人、什么主张都采取容忍态度，这样做对吗？一位高级干部直接质问冯乃超："你是冯乃超，还是冯乃右？"

我不知道当时冯乃超如何答复。依我看，他所考虑的不是政治标签问题，而是怎么样才能让中山大学安定、改进和发展。

作者于1934年毕业于中山大学英语系，中山大学外语系教授，中国语言学会第一、第二届学术委员会委员。

一代名医柯麟的传奇生涯

穆 欣

柯麟，广东海丰县人。他在读
中学时与彭湃同学，因受这位中国共
产党早期领导人、著名农民运动领
袖——"农民王"的影响，阅读进步
书报，追求革命真理，接受了先进的
革命思想。青年时代即与彭湃一起，
与家乡的土豪劣绅进行斗争，参加反
对袁世凯称帝运动。1920 年中学毕业
后，他到广州以公费生资格考取广东
公医大学。这所学校原名广东公医专

图 1 柯麟先生（1900—1991）

门学校，是当时美国在中国创办的医学专科学校，是一所贵族化的
大学。柯麟刻苦学习，获得了全校第一名的成绩。

图 2　青年时代的柯麟（左）与彭湃

　　1921 年 5 月，留学日本的彭湃在早稻田大学毕业后回国，接连两次到广州来，曾同柯麟在广州见面。这时的彭湃，政治上更为成熟。他向柯麟谈道："中国内忧外患，像一条失舵的大船，在狂风巨浪中颠簸。要救中国就必须找到正确的航向，中国必须进行一场革命，必须走俄国革命的道路。"彭湃还向柯麟讲述了在日本进行的革命活动和种种奇闻轶事，以及在日本等国中的革命活动家的情况。在与彭湃的谈话中，柯麟第一次听到周恩来的名字，他明显地感觉到，周恩来是彭湃最敬重的同志之一。

　　1924 年春，柯麟参加中国社会主义青年团（今为"中国共产主义青年团"），他是"公医"的第一名青年团员。1926 年，党组织决定中山大学医学院（由"公医"更名）的团员转为共产党员，柯麟是该校第一批中国共产党党员之一。这个时候，"公医"学生因驱逐洋奴教师邓真德引起学潮，受到一向媚外的校长李树芬的蛮横压制。柯麟根据党、团组织的指示，立即发动全校进步学生开展争取民主、自由权利的罢课斗争。罢课由 1924 年 3 月开始，坚持到 5 月，李树芬被迫接受了复课条件：罢免邓真德，收回开除学生的布告。接着，柯麟领导"公医"学生参加了省港大罢工。同时，党组织提出由中国政府收回这所学校领导权的主张，这一主张立即得到进步师生的热烈拥护。国民党左派领袖廖仲恺坚决支持该校师生的这一正当要求。柯麟又在学校里召集大部分师生开会，议定三条：反对奴化教育，打倒李树芬；收回"公医"领导权；"公医"并入由国民党领导的大学。师生们为此到国民党中央党部请愿，要求承认三条要求。7 月 1 日，在这天成立的国民革命政府决定将"公医"并入广东大学。第二年广东大学更名为中山大学时，广东大学医学院也跟着更名为中山大学医学院。以后，柯麟又领导进步师生同国民党右派进行斗争。1927 年，上海"四一二"及广州"四一五"反革命政变后，柯麟又领导党组织营救被捕学生，并将被敌人追捕的中山大学中共党总支部书记徐彬如安全送出广州。随后，柯麟根据组织安排，从广州到达上海，继又辗转前往武汉出席共青团全国代表大会。会后，分配他到深受共产党影响的国民革命军第四军担任医务工作。他在第四军见到军参谋长叶剑英和第二十五师党代表李硕勋。同年 9 月，柯麟随第四军回到广州，12 月 11 日参加了广州起义。起义失败后，起义部队一部分转移到花县。柯麟当时没有接到转移通知，在广州躲藏了十几天后，化装经澳门到达香港。他在香港与叶剑英一同隐居大埔墟，度过了艰苦难熬的九个月。1928 年夏，柯麟和叶剑英一道乘船前往上海。

柯麟到上海后，参加了中共中央专为保卫党组织安全而设立的情报保卫工作机构——中央特科的工作。中央特科的指导思想是：保

图 3　1953 年华南医学院成立典礼纪念照

卫党中央的安全，抗击敌人的迫害；打入敌人的军、警、宪、特机关
探取情报；镇压叛徒内奸，粉碎敌人破坏党的各种阴谋活动。在周恩
来直接领导下，面对当时险象环生的白色恐怖，特科在保卫党的中央
机关、获取情报、惩处叛徒、建立无线电通信联络、巩固党的组织、
推动武装斗争的发展等方面都起了相当重要的作用。1928 年 11 月，
柯麟接受周恩来的嘱托，由中央特科安排，和贺诚在上海四川路延
安里开办了一所"达生医院"。实际上，这是中共中央的一个秘密机
关，是在中央特科卫护下党中央举行例会和政治局同志接头的场所。
其时，柯麟化名"柯达文"，贺诚化名"贺雨生"，从他们化名中各
取出一个字作为这所医院的名称。"达生医院是一幢三层小楼房，每
个房间互相连通，有后门通向另一条街区。党中央领导同志只要走进
这所医院，立即就成为医院的'病人'，受到掩护并周密安排他们安
全转移。贺诚还把每一个房间做了精心布置。中央领导同志秘密谈话
的房间挂上传染病房的牌子，门口摆了消毒用品。病床上随时都可以
挂出事先准备好的患者的治疗卡片等各种标志，一切伪装都是那样周
密，找不出任何破绽。""利用过达生医院的同志除周恩来、陈赓之
外，还有邓小平、李立三、关向应、杨殷、罗登贤等同志。关向应当

图 4 柯麟工作照

时患肺病，还经常来医院看病打针。"（冯彩章、李葆定：《贺诚传》）
1929 年 8 月 24 日，由于叛徒白鑫告密出卖，发生中共中央政治局委
员、中央农委书记兼江苏省委军委书记彭湃，中共中央政治局候补委
员、中央军事部长杨殷，中共中央军委委员兼江苏省委军委委员颜昌
颐，中央军委干部邢士贞，共产党员张际春五位同志在上海被捕的不
幸事件。……彭湃是柯麟的挚友，自他 1929 年春从广东大南山根据
地调来上海后，两人经常见面。柯麟说："8 月 20 日，彭湃到我的家来，
我留他吃饭。他告诉我说中央决定派他去苏联。我听说了，很高兴，
说：'你能到苏联去，越快越好！'"不意几天以后突因白鑫告密被捕，
柯麟特感愤懑，怀着无比激情参与营救彭湃和追捕叛徒的行动。在侦
缉白鑫期间，当得知敌人要将彭湃等从法租界引渡到龙华的信息时，

准备拦截囚车抢救。周恩来下令：凡是会使枪的都去。因为那天下雨，枪支运到迟了，抢救没有成功。柯麟说："营救的那天，我和陈赓在法国公园等候消息，很久了还没有听到枪声，才知道抢救计划没有能够实现。"他到范争波家给白鑫看病，每次回来都将白鑫的情况告知陈赓，使特科完全掌握了白鑫的动静。11 月 11 日夜里，镇压白鑫的喜讯传来，革命同志无不拍手称快。在欢呼胜利的喜悦中，柯麟尤为自己能在替彭湃等烈士复仇行动中尽了一份力量深感欣慰。

1935 年 1 月遵义会议之后，红军总政治部宣传部部长潘汉年奉命离开长征队伍，以中共中央特派员的身份来到香港，准备去莫斯科向共产国际汇报。潘汉年见到柯麟的时候，劝他在香港坚持下去，不要同那些"太红"的人来往，保持医生的名声。他还针对当时有人希望柯麟到苏区工作，劝柯麟说："苏区缺少医生是事实，但你已经在香

图5 1949 年 10 月 10 日，柯麟在镜湖医院庆祝新中国成立大会上讲话

港站住脚，不能轻易离开，这里的工作很重要。"这年中秋节前几天，潘汉年约请柯麟在自己的住处弥顿酒店会见了叶挺。1927年柯麟在第四军作医务主任时，叶挺是这个军的第二十四师师长；同年12月他随部队参加广州起义，叶挺是这次起义的军事总指挥。所以他对叶挺非常熟悉。当时叶挺刚从国外回来，定居澳门。潘汉年告诉柯麟，叶挺需要有人经常同他联系，协助他重新参加党的工作，同时可以照顾他的家庭。考虑到柯麟在港熟人太多，容易出事，而且在这里又不能挂西医牌行医，不如转往澳门，可以一举数得。柯麟遂于中秋节这天举家迁居澳门。此后通过柯麟，叶挺同中共中央建立起了密切联系，党的指示都由柯麟及时转达。叶挺同澳门上层社会人士和李济深的旧部下混得很熟，柯麟借机也与这些人交了朋友，给他的工作带来许多方便。1936年底西安事变和平解决后，经过国共两党高层就团结抗日、

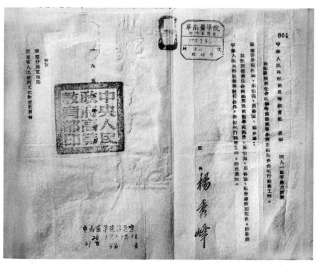

图6 1955年1月，中央人民政府高等教育部任命柯麟为华南医学院院长的通知

图 7 1963 年 11 月校庆，柯麟院长（前排左三）与三十年以上教龄的教授合影

共御外侮进行的谈判，逐渐实现了第二次国共合作。中共中央派张云逸到澳门来找叶挺，柯麟陪他来到叶挺住处。张云逸向叶挺传达了中共中央邀请叶挺去上海共商成立新四军的事。叶挺高兴地表示愿意前往，并约请柯麟一道北上，主持新四军医务工作。后经向党请示，潘汉年仍要柯麟留在澳门。1935 年到 1951 年，柯麟在澳门工作了十七年。他一面默默无闻地在隐蔽战线上为党工作，同时又由一个普通开业的医生成为澳门镜湖医院的院长，把这一座原很简陋的医院，办成了澳门规模最大、设备一流、管理上乘、医疗水平最高的著名医院。他还担任镜湖医院慈善会副主席、名誉主席，1949 年任澳门南通银行董事长。他以华南一代名医的显耀身份跻身澳门上层社会，赢得了各界人士的信赖和赞誉。自 1951 年起，柯麟就任广州中山医学院院长兼党委书记。在新中国的医学教育战线上，他以自己的远见卓识，爱护、团结知识分子，从严治校，奖掖后进，被誉为医学院的一代宗师。

　　1991 年 9 月 23 日，柯麟因病在北京逝世，终年九十一岁。同年 9 月 29 日，新华社从北京报道柯麟的生平事迹，就他对革命事业

图8 1980年5月4日，柯麟院长、陈国桢教授等视察学生自习

的重要贡献和高尚品德给予高度评价："柯麟同志一生光明磊落，襟怀坦白，坚持原则，遵守党纪。他勤勤恳恳，任劳任怨，认真负责，勇于进取，开拓创新。他艰苦朴素，平易近人，严以律己，宽以待人，团结同志，作风正派。他从不计较个人得失，关心群众，爱护知识分子，深受广大干部和群众的尊敬和爱戴。他桃李满天下，凡是熟悉他的人，对他的高风亮节，无不钦佩。柯麟同志为了共产主义的崇高理想，无私地把自己的一生全部奉献给了中国人民解放事业和社会主义建设事业，鞠躬尽瘁，死而后已。"

（有删改）

作者为原中国外文出版发行事业局副局长、人民画报社社长兼总编辑，曾任光明日报社总编辑、党组书记。

詹安泰教授的生平与学术成就述略

詹伯慧

图1 詹安泰先生（1902—1967）

詹安泰，字祝南，号无庵，原中山大学教授。1902年11月23日生于广东省饶平新丰镇，1967年4月6日病逝于广州中山大学，享年六十五岁。

詹安泰先生是我国著名的古典文学专家，尤精于诗词的创作和研究，兼擅书法艺术。他的诗词作品及词学论著在学术界有很大影响，被誉为当代十大词家之一；他的书法别具风格，兼长几种不同的书体，无论是秀逸飘洒的行书，或是凝重典雅的碑体，写来都炉火纯青，独具风韵，深得海内外书道行家的赞赏，被视为珍贵墨宝。

詹安泰先生出生在一个老中医的家庭。父亲詹挥琼一生悬壶济世，乐善好施。詹先生自幼酷爱古典诗词，六岁进小学，十岁学写诗，十三岁学填词。1916 年考进潮州市金山中学，1921 年至 1926 年负笈于广东高等师范和广东大学中国文学系。大学毕业后詹先生回到潮州市任教于广东韩山师范，并兼任金山中学教师。

广东省立第二师范学校是韩山师范的前身。它由南宋孝宗淳熙十六年（1189）

图 2　詹安泰书铜溪石室联

在潮州修建的"韩山书院"沿革而来，有着悠久的历史和优良的校风。詹先生在韩师任教十二年，讲授文史、文化史、文学史、文字学和美术等课程，讲课博大精深，抉微入理，深受学生欢迎、敬仰。他在此期间，除授课外，致力于古典诗词的研究，并创作了大量的诗词。曹湘蘅主编的《国闻周报·采风录》和龙榆生主编的《词学季刊》《青鹤》杂志等，经常发表詹先生的作品。1937 年他出版了第一本词集《无庵词》，得到了词学界的很高评价，著名词学家夏承焘先生一再称赞詹先生"词学甚深"；词曲家吴梅教授赞赏詹先生的词"取径一石（姜白石）二窗（吴梦窗、周草窗）而卓有成就者"。

在作词的同时，詹先生还创作了大量的诗，特别是在 1935 年以后，他诗兴大发，写了《韩山韩水歌寄邵潭秋》《听歌舞团陈翠宝唱大鼓词卒成长句》《游别峰八十六韵》《琴香馆夜听王泽如琵琶、郑祝三筝、吴轩孙胡弦合奏》诸首，尤见气韵沉雄，情意深切。诗人阵沉老先生读后推崇备至，曹湘蘅亦评论其诗"曲而能直"。詹先生经常与夏承焘、唐圭璋、龙榆生、陈蒙庵、曹湘蘅、陈竺同、卢冀野等名家酬唱论词，切磋诗词艺术，成为知己益友。詹先生的早逝使词学大师夏承焘、唐圭璋深为悲痛，80 年代初詹先生遗稿《鹧鸪巢诗·无庵词》合集影印面世，夏老与唐老各赋《浣溪沙》一首以表达他们间的真挚情谊。夏老词云："酬唱当年雨又风，西湖南海记吟踪，几番后约荔枝红。修阻青山书一纸，萧骚白发酒千盅，交期剩有梦

图3　詹安泰在中山大学书房著述

图4 1950 年前后与家人摄于石牌中山大学寓所前。左二为詹安泰

魂通。"唐老词云:"国士南中世尽知,频传彩笔慰相思,依稀话雨夜窗时。执手钟山迎翠色,摧心四化失文期,黄垆一顾不胜悲。"

1938 年 10 月,詹先生由他在广东高师(中山大学前身)读书时的老师陈钟凡教授(新中国成立后为南京大学教授、江苏省政协主席)推荐,以名士身份,被中山大学破格聘为中文系教授。当时日寇侵入广州,中大西迁云南澄江,际此硝烟弥漫、兵荒马乱期间,虽然学校教学、科研、生活条件甚差,詹先生仍因陋就简,因地制宜,克服困难,悉心教学,还多方筹划,使弦歌不辍,振奋精神,努力创作。他陆续撰写了《花外集笺注》《碧山词笺证》《姜词笺释》《宋人词题选录》等著述,并在 1939 年刊印了《滇南挂瓢集》,这部诗集流传甚广,成为士林争读的佳作。詹先生的诗词家地位,即由

《无庵词》和《滇南挂瓢集》而奠定。詹先生把满腔忧国忧民之情托之毫索，正如他在《齐天乐》一词中所题："国难日深，客愁如织，孤愤酸情，盖有长言之而犹不足者。"当代诗词评论家曾敏之先生在《读詹安泰诗词感赋》中对此给予很高的评价："风骨崚嶒别有情，韬光养晦念斯民，诤言讽世凭肝胆，不待千秋有定评"；"转徙西南慷慨多，寄怀家国几悲歌，先生去后遗篇在，沾溉文林永不磨"。

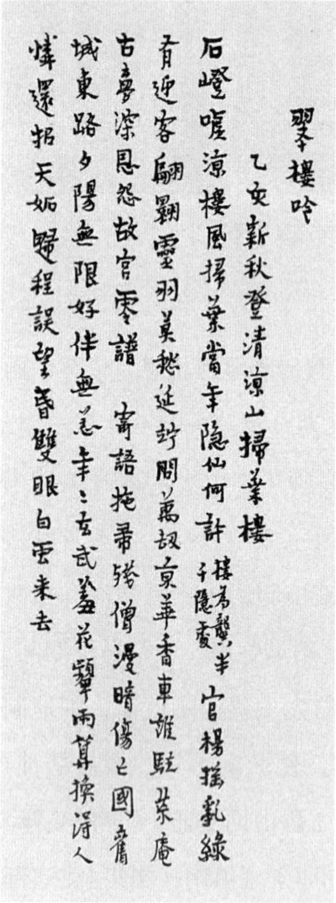

图5　詹安泰自书词作《翠楼吟》

1940年秋，中山大学由澄江迁回粤北乐昌的坪石镇，文学院就在镇东头小山岗铁岭上借用原铁路局的一些房子作教室，詹先生于附近租得濒临武水江边的数椽湫隘泥屋，总共只有十多平方米，用泥砖隔成前厅后房，在这十分简陋的小屋里，詹先生借着昏暗的油灯，写成了他的扛鼎之作《词学研究》。此稿是他多年研究词学的心血结晶，从声韵、音律、调谱、章句、意格、修辞、境界、寄托、起源、派别、批评、编纂等十二方面全面阐述词学上的问题，内容丰富精湛，甚多独到见解，可惜在"十年动乱"期间，原稿毁失过半，今仅存其中七章，已载入广东人民出版社出版的《詹安泰词学论稿》一书中。

图6 20世纪60年代，詹安泰与家人摄于中山大学北门码头。后排左四为詹安泰

1944年秋，日敌进犯粤北，企图打通粤汉铁路。坪石告急，中大被迫再度搬迁，文学院迁到粤东梅县。就在这颠沛流离的环境下，詹先生依然孜孜不倦写出了一篇重要的词学研究论文《论填词可不必严守声韵》，发表于1945年1月《文史杂志》五卷一、二期合刊上。这篇论文提出并论证了"填词可不必严守声韵"，不但是对词学

研究的进一步发展，而且也鼓励了"学词而专以填词为目的人"，发扬光大了中华词学。上海古籍出版社 1989 年出版的《词学研究论文集》，从 1911 年辛亥革命至 1949 年新中国成立的三十多年间全国报纸杂志发表的约六百篇词学研究文章中精选出二十二篇重要的论文来，詹先生这篇文章便入选其中。

1945 年 10 月，抗战胜利后中大各学院陆续迁回广州石牌。詹先生继续主讲"诗选""词选"两门课程。新中国成立前夕，詹先生担任中文系系主任，此时广州爱国学生运动风起云涌，1949 年 7 月 23 日凌晨，国民党反动派逮捕了中大一批进步教授和学生，詹先生极为激愤，四处奔走，设法营救被捕师生。1949 年 10 月 14 日广州解放，中山大学翻开了新的一页，詹先生的教学和生活也随之进入一个新的历史时期。中华人民共和国成立后，中大进行了一系列的调整和改造工作，詹先生任中文系古典文学教研室主任。他热情奋发，曾立下"三年不读线装书"的决心，开始认真研读马克思主义的著作和新文艺理论，力图掌握辩证唯物主义和历史唯物主义的观点方法，用以研究中国古典文学。一个从旧中国走过来的学者，能够适应潮流，勇于探索，跟上时代，实在难能可贵。

1953 年 3 月，詹先生写出了《诗经里所表现的人民性和现实主义精神》一文，发表在《人民文学》上，被誉为是新中国成立后第一篇试图用马列主义观点方法研究《诗经》，并取得卓越成绩的学术论文，这篇文章可说是詹先生学术思想发展的一个新里程碑。这年春天开始，詹先生主编了《中国文学史》（先秦两汉部分），此书共十一章，除个别章节由容庚、吴重翰教授执笔外，统由詹先生编写完成。此书 1957 年 8 月由高等教育出版社作为大学教材公开出版，是新中国

图 7　20 世纪 50 年代，时任中文系主任的詹安泰先生在郊游中训话

成立后出版的第一部中国文学史教科书，书中力图运用马克思主义的
观点和方法来分析各种文学现象，强调劳动创造文学，强调民间创作
促进了秦汉时代文学的发展，注意劳动人民在历史上包括在文学发展
上的作用，这些都是这部文学史教科书的特色。正因为詹先生具有深
厚的文学根底，在掌握大量史料、透彻地理解作品的基础上能以正确
的观点来分析先秦两汉的文学现象，因而，这部文学史一直受到学术
界的重视。尽管过了三十多年，但至今仍具有参考价值。在编写先秦
两汉文学史的同时，詹先生花了很大的力气研究我国第一位伟大诗人
屈原，他对屈原的时代、家世和出身、生平、思想等都进行深入的论

证，认为屈原是"中国的浪漫主义和现实主义相结合的古典文学的奠基人"，"他的文学作品兼有了中国古典文学作品中所有的优秀传统，而他对待文学作品的态度，则是可以作为一个优秀文学作家的楷模"。詹先生研究屈原的成果反映在1956年他在全校学术讨论会上宣读的长篇论文《论屈原的阶级出身、政治地位及其在文学上的作用》一文，以及随后于1957年由上海人民出版社出版的《屈原》一书中。他还结合教学，写了《离骚笺疏》一稿，汇集从王逸以来历代专家对《离骚》的注解，爬梳剔抉，从中阐明他自己的见解，并对《离骚》文意逐段加以详细串解，对《离骚》的思想艺术及其在文学史上的地位和影响加以阐述。这本稿子于1981年出版，1984年再版，印数近两万册。詹先生对屈原及其作品的研究深受学术界的赞誉。到了80年代，著名学者姜亮夫还由衷地称赞："我比较欣赏詹安泰写的《屈原》，他在这方面的研究很细心，而且材料掌握与分析都表现一种客观的负责的态度。"（见《楚辞今译讲录》，北京出版社，1981年）

图8 詹安泰、容庚、吴重翰编《中国文学史》，中央人民政府高等教育部教材编审处，1954年

50年代我国学术界曾就南唐后主李煜词的评价问题进行过一场激烈的争论。詹先生对李煜的词作了全面深入的研究，他对李煜的生平及南唐政治形势作了详细的分析，并将李煜的词加以分

类剖析，认为李煜词所表现的爱情固然不能等同于一般封建帝王的荒淫生活的表现，但也不能等同于人民的真正爱情生活的表现，人们欣赏这些词不在于其中的具体内容，而在于李煜的大胆真实的描写和描写艺术的较高的成就。由于李煜作品中所表现的愁恨，正是人们在社会现实生活中最易感受到的愁恨，最易引为同调的愁恨，人们在读这些作品时，自然就会受其感染，以赞叹其作品中表现的愁恨一样的眼光来赞赏这些作品。在 50 年代学术界普遍把人的阶级属性夸大到绝对的地位，不承认不同阶级的人也"具有共同的好恶"的时候，詹先生却认为李煜词是"真情实感的流露"，认为"具有一定程度的典型意义和体现人所共有的特征，能够感动不同时代的各个不同社会集团的人们"。他的这些精辟的论断，不为时见所囿，显得独具卓识，难能可贵。詹先生的这些见解集中反映在他的学术论文《李煜和他的词》和他为人民文学出版社编注的《李璟李煜词》一书中。《李璟李煜词》1958 年初版四万多册，1982 年再版重印，累计印数十三万多册，在学术界产生了很大的影响。

詹安泰先生一生的学术业绩，最突出的表现在于词学的研究。除了上述关于李煜的研究外，他对词的起源，对宋词的评价，对宋词发展的社会意义，对唐宋词人的风格、流派，以及对词作的艺术分析等等，都曾作过深入的探讨，发表了一系列的论著，其中《詹安泰词学论稿》一书系统表现了詹先生词学理论研究中的精辟见解；《宋词散论》一书则是散见海内外报刊上论述唐五代南北宋词文章的结集，这两本专著充分显示出了他在词学方面的精深造诣，在词学界有很大的影响。《宋词散论》首版一万三千多册（1980 年），一年多以后，再版印了近三万册，成为词学研究者不可或缺的重要参考书。

　　詹安泰先生为人正直谦虚随和，学风严谨，受过他教育的人都有如沐春风之感。他一生兢兢业业，在古典文学的教学和研究中为祖国作出了很大的贡献，新中国成立后党和人民给过他很高的荣誉，评他为二级教授。可是，在1957年的"反右斗争"中，由于他作为省政协委员的高度政治责任感和主人翁精神，针对当时社会上存在的问题提出了一些中肯的意见，竟被打成"右派分子"，蒙受了许多的凌辱。但他并不为此意气消沉，他仍然坚信党会正确对待知识分子，仍然怀着对党和祖国的热爱，对学术事业高度的责任心孜孜不倦地进行学术研究。1961年他的右派帽子被摘掉，组织上要他招

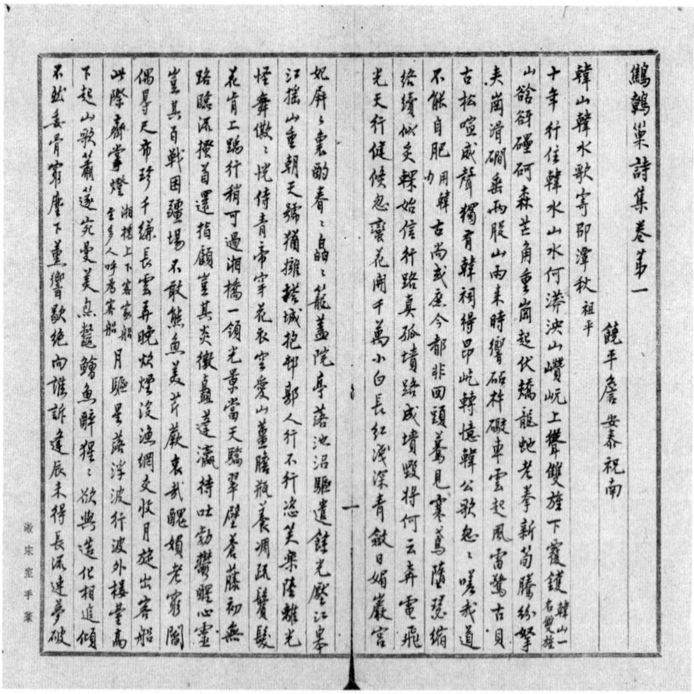

图9　詹安泰《鹪鹩巢诗集》手稿

170

收宋词研究生，他又精神抖擞地投入培养高级研究人才的工作中，编写了《宋词研究》的讲义，并且撰写了大量有关古典文学，特别是唐宋词家及其作品的文章发表。收录在《宋词散论》中的一些论文如《温词管窥》《冯延巳词的艺术风格》《简论晏欧词的艺术风格》《宋词风格流派略谈》等，都是1962年以后写的。1967年詹先生因患癌症病逝于中山大学。当时正值"文革"时期，在那"知识越多越反动"的年代，学术事业陷入"万马齐喑"的境地，一个曾被扣过"右派"帽子的著名学者就这样寂然无闻地离开了人世。

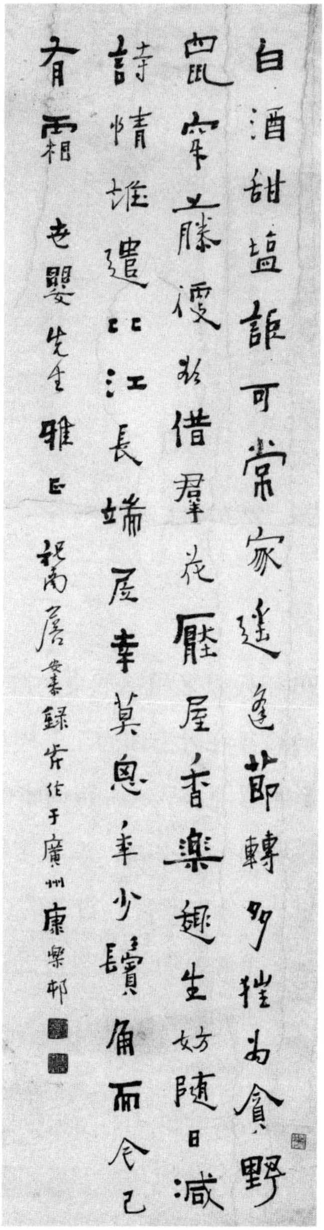

党的十一届三中全会以后，"尊重知识、尊重人才"的口号被响亮地提出来，詹安泰教授的学术业绩再次得到全社会的公认。人民文学出版社、广东人民出版社和湖北人民出版社等单位出版或再版了他的一些专著，他所写的词学以外的古典文学论文，亦于1984年汇编为《古典文学论集》一书出版。詹安泰教授从

图10 詹安泰赠陈世骧诗书。小得斋藏

图11 詹安泰、詹伯慧父子。小得斋藏

30年代以来积存下来的诗词手稿数百首，连同他的书法手迹，也于1982年在香港作为至乐楼丛书第二十五种《鹪鹩巢诗·无庵词》合集影印问世。从这本诗词集中，读者可以看到詹先生辛酸苦辣的经历，坎坷曲折的道路，淳厚多情的性格以及洒脱安命的处世态度，还可以从中领略其淳朴古劲的诗风和秀逸凝重的书体。

至此，詹安泰教授的遗稿已陆续刊行的近十种，成为我国古典文学研究的珍贵遗产。80年代以来，《中国文学家辞典》《中国社会科学家辞典》等一些人物专书都收入詹安泰的小传。1987年，在詹安泰教授逝世二十周年之际，为了纪念这位"岭南词宗"，广东人民出版社出版了《詹安泰纪念文集》一册，收入海内外著名学者王力、陈钟凡、夏承焘、唐圭璋、方孝岳、饶宗颐（香港）、清水茂（日本）、罗倬汉、程千帆、黄海章、王季思、罗忼烈（香港）、曾敏之

（香港）、陈湛铨（香港）、佘阳（香港）、秦牧、赖少其等，以及詹教授的弟子汤擎民、郑孟彤、邱世友、黄天骥、蔡起贤、周伟民、余论有等所写的纪念文章及诗词作品，并选录詹安泰教授的几篇论文和他的部分诗词佳作。广东省中国文学学会和中山大学还举行了"纪念詹安泰先生逝世二十周年、诞生八十五周年座谈会"，高度评价詹安泰教授的学术成就和高风亮节。正如广东省政协主席吴南生同志为《纪念集》所题的"岭海芳型垂永久，诗人风范在人间"，如今詹教授亲手培育的英才业已逐渐成长，桃李芬芳，在建设"四化"中发挥作用；詹安泰教授一生孜孜不倦、严谨治学的精神，以及他为祖国文化宝库增添的珍贵遗产，将永远活在后来学者的心中。

　　作者为詹安泰先生之子。1949 年考入中山大学文学院语言学系。曾任暨南大学教授、文学院院长、广东省文史馆副馆长。

夕阳红胜火

——商承祚先生晚年生活片段

陈炜湛

　　商承祚先生字锡永，号契斋，广东番禺人。他是我国古文字学界的泰斗之一，又是著名的考古学家、书法家。在中山大学校园——康乐园里，从20世纪50年代起，商先生五十多岁时便被尊称为"商老"。他少容庚先生八岁，学术上与容先生齐名，师生们又习惯地尊称他们为容、商二老。商先生虽无法阻止别人对他的尊称，但他从来不服老，更不以老自居，倚老卖老。到了耄耋之年，他还编了一首年龄歌云"九十可算老，八十不稀奇，七十过江鲫，六十小弟弟……"且自称老中之青，对生活充满着自信，在学术研究与书法艺术中依然执着地追求新的境界，永不止步。

　　作为一名学者，商老早年以甲骨文、金文的研究著名于世。其成名之作《殷墟文类编》出版于1923年，其时年方弱冠，王国维以"可以传世"评之，并将商先生与容先生及唐兰、柯昌济并称为"当

图 1 商承祚先生（1902—1991）

世古文字学四少年"。又有《殷契佚存》《十二家吉金图录》《殷商无四时说》《古代彝铭伪字研究》等论著，为世所重。中年以后，研究的兴趣与重点逐渐转向战国秦汉文字，尤其是楚文字楚文化的研究。50年代中，出版《石刻篆文编》（线装一函二册），是为我国唯一的一部石刻篆文字典。60年代初，年过耳顺，发表《鄂君启节考》《战国楚帛书述略》等重要论文。同时，他用心收集整理50年代以来新出土的战国楚竹简资料。奈何"文革"动乱，研究工作被迫中止。及至60年代末70年代初，河北满城汉墓、湖南长沙马王堆汉墓先后出土大批珍贵文物，后者并有软体女尸及竹简出土。1972年，国家稍稍安定，商老以古稀之年率先恢复研究工作，并带领青年教师北上考察，复校楚竹简摹本。山东临沂银雀山汉简出土后，商老复应国家文物局之请北上，参与竹简的整理工作。1976年夏，又至湖北荆州考察楚故都纪南城及望山等楚墓群，并以全国人大代表、考古学家的身份考察了黄陵庙、三斗坪、葛洲坝。

打倒"四人帮"，"文革"结束后，学术界迎来了科学的春天，年事渐高的商老备受鼓舞，精神大振，研究学问、著书立说的劲头有增无减，参加各种学术活动更是分外积极。1977年夏天，他亲临河北平山县中山王墓发掘工地，手拓新出重器中山王𗴭鼎、壶铭文两份，一留当地，一携归研究。1978年冬，携带珍藏多年的一块龟尾甲（即"契斋藏甲之一"）赴长春出席中国古文字研究会成立大会暨第一次学术讨论会，被推举为理事会召集人，在会上还专就甲骨文辨伪问题与有关专家商榷。1979年秋，赴西安出席中国考古学会成立大会，被推举为名誉理事；是年冬复在中山大学主持召开中国古文字研究会第二次年会。

1980年秋，至成都出席中国古文字研究会第三次年会。1983年秋，赴香港出席第一届国际中国古文字学研讨会……

1978年后，商老仍频频发表学术论文，计有《谈西汉软体尸保存问题——从马王堆到凤凰山》《关于利簋铭文的释读——与唐兰、于省吾商榷》《"韦编三绝"中的韦字音义必须明确》《中山王𗴭鼎、壶铭文刍议》《怎样研究古文字》等十余篇。除论文外，还出版专著《说文中之左文考》《先秦货币文编》（与王贵忱、谭棣华合编）两种，书法作品集《商承祚隶册》《商承祚秦隶册》两种。直到逝世前一年即1990年，商老还孜孜不倦于楚简研究，修订书稿。1991年5月逝世，尚有遗著两种：《石刻篆文编字说》（生前曾发表部分条目于《中山大学学报》《古文字研究》）和《战国楚竹简汇编》；遗文四篇即《长沙发掘小记》《长沙古物闻记续记》等，陆续刊布行世。可以说，在学术研究领域，商老确实是活到老，学到老，研究到老，著述到老。

商老与容老从50年代中开始联名招收古文字学研究生，直至“文革”前，共招四届，收弟子九名。“文革”后复招一届，收弟子六名。二老指导研究生，完全是传统方式的学术指导，不像现在这样规定开这门课那门课，要修多少多少学分。不开课，更不考试。二老的指导方式，主要是谈话聊天，答疑解惑，再就是赐赠著作，审阅文稿，视其佳者推荐发表。容老戏称为“土法上马”，商老则谓为因材施教。但不管是何“材”，商老总要强调几条基本原则：一、注意打基础，加强基本功训练；二、从古文字原材料出发，从细读原拓本中发现问题、加以研究；三、认真钻研罗振玉、王国维、郭沫若等权威学者的著作，从中领悟到治学的门径。十分令人钦佩的是，商老从不要求学生研读他的著作，也从不对学生讲自己写过什么书，发表过什么“重要”论文，只是有新作发表时，随手将新书或论文抽印本赠送给学生（容老亦然）。这在前辈学者中大概也不多见吧。

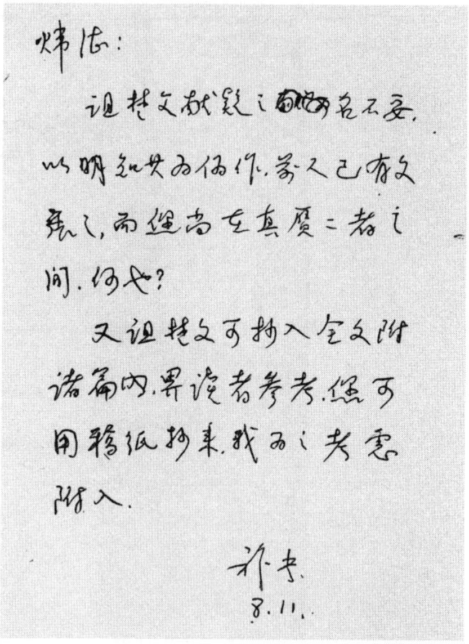
炜湛：

诅楚文献疑之名不妥，以明知其为伪作，前人已有文辨之，而仍尚在真赝二者之间，何也？

又诅楚文可抄入全文附诸篇内，畀读者参考。您可用稿纸抄来，我再考虑附入。

祚书

8.11.

图2 商承祚致陈炜湛谈诅楚文便签

商老青年时代即习篆书，且好写铁线篆，大者且逕尺。拜罗振玉为师后，潜心临摹甲骨文、金文及石刻文字，学问与书艺并进，所书金文尤得罗氏赏识。中年所书甲骨文、金文，已称雄书坛。70

图 3 商承祚（左）与陈炜湛（右）80 年代在商老宅前合影

年代中，湖北云梦睡虎地出土秦竹简千余枚，秦隶大显于世，引起商老莫大的兴趣，遂以秦隶创作书法作品，在书坛独树一帜，亦堪称一绝。80 年代以后，商老为人题字题词，几乎均以秦隶书之。他认为，写秦隶，既古朴雅致，又容易辨认。康乐园内一些重要建筑物的题字，是商老的手笔，便以秦隶居多，如"陈嘉庚纪念堂""哲生堂""梁銶琚堂""英东体育馆""惺亭"、怀士堂的"记"。容老生前书有楷书条幅"百家争鸣，百花齐放"。商老为纪念老友，特以秦隶另书一幅"古为今用，推陈出新"与之相配，成为龙门对。此

图4 商承祚题写的康乐园建筑牌匾

两幅墨宝今藏中山大学古文字学研究室。

商老晚年求字者日多，应接不暇，又不便拒绝，便将求字者姓名、工作单位及经手人姓名登记在小本子上，待有空时书而付之。故求字者等一年半载始得商老墨宝是常事。1979年，商老尝书张问陶诗以自况："名笺五色卷奇光，束简如林又满床，颠倒一枝书画笔，闭门转比要人忙。"悬诸客厅，原想令求书者知"忙"而退，但无效，四面八方的求字者依然纷至沓来，照求不误。

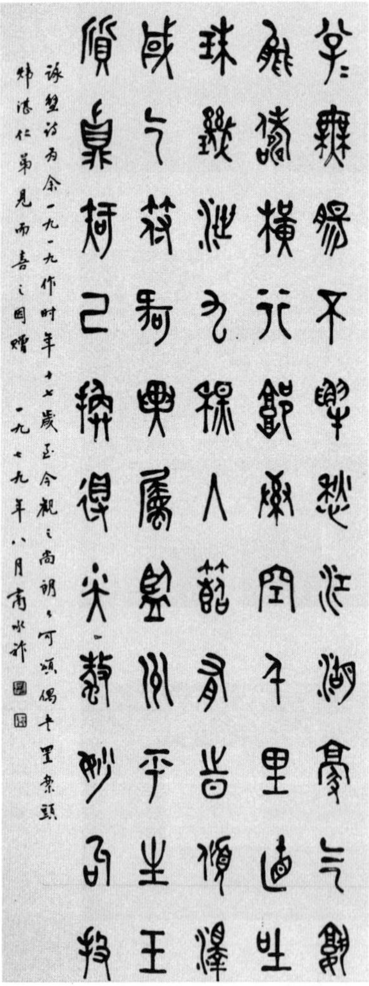

"闭门转比要人忙"，是商老晚年生活的一个侧面。不过，商老也有"闲"的时候。那便是有客来访，他放下工作在客厅接待，便算休息。傍晚在校道上散步，怡然自得，是最"闲"的时候。若是夏天，穿一身府绸或本色麻布的唐装衫裤，足踏黑布鞋，手摇一柄小团扇，上书甲骨文"好风"二字，在校园里悠然漫步，更显得超凡脱俗，飘然若仙。而且，商老散步似有规律，一般是自寓所——大钟楼对面的东南区一号出发，沿中区草坪，行至校

图5 商承祚 1979 年赠陈炜湛书法条幅

图6 1961 年，商承祚与父亲"末代探花"商衍鎏

口而返。有时还要在门房外小木凳上坐几分钟，一面休息，一面用广州话与工友聊天。兴致好时，还步出校门，至对面一家小铺子里坐下小憩，吃花生，饮酸奶或汽水，并与店主闲聊。他还为这家店铺写过一个大招牌，也是秦隶，并赫然落款盖章，见者莫不称奇：大学者大书家竟肯为个体户小店题写店名。这既是商老平易近人不摆架子的表现，也大概是对店主热情招呼的一种回谢吧。

按学校规定，系级的名牌，只能是三四十厘米宽、二三十厘米高的豆腐块式的木板，研究室、教研室的名牌只能是二十来厘米宽、十余厘米高的小木条。商老对此十分不满，认为太小气。1981 年秋，在古文字学研究生论文答辩之前，他坚持要为古文字学研究室制一新名牌，且亲自以秦隶直行书之，文曰："中山大学古文字学研究室"。落款为"一九八一年十一月契斋商承祚题"。学校木工师傅答应依时赶制，但求商老赐墨宝一幅。商老笑曰："这个好说。"结果答辩会举行之日，即研究室隆重"挂牌"之时，木工师傅亦得到盼之已久的墨宝，可谓皆大欢喜。此外，商老还主动为学校收发室、教材科和中文系题写了名牌，亦皆秦隶，笔力苍劲，古趣盎然。

商老自幼酷爱文物，毕生收藏甚富，且精于鉴别。他为搜集收藏文物，付出了半个多世纪的艰辛，全家为此节衣缩食。有时甚至不惜借贷典当。但从 1963 年起以至晚年，他便将家藏文物诸如商周铜器、楚漆竹器、古代书画、石湾陶瓷等六百余件陆续捐赠给故宫博物院、中国历史博物馆、广东省博物馆、广东民间工艺博物馆和广州市文物商店。商老晚年常说，这些文物，传之子孙莫若藏之国家。传之子孙，日后难免散失；藏之国家，万无一失。而且，"藏宝于国，施惠于民"。商老向广东民间工艺博物馆大批捐赠文物是在 1965 年 6 月，共赠各个时期的石湾陶瓷以及唐三彩高足盏、五代黄釉碗、潮州白釉双耳炉等共一百九十八件。他向广东省博物馆大批捐赠文物是在 1973 年、1980 年，共赠明清以至近代名家书画以及明清两代古墨等文物三百六十余件。商老最后一次向广东省博物馆捐赠文物是 1991

图 7 商承祚摹中山王礜鼎、壶

年1月，商老病卧在床，用颤抖的手向前往探望他的博物馆工作人员示意，将一件明代的石湾翠毛釉梅瓶赠送给省博物馆，并一再谢绝给予奖金。商老仙逝后，其哲嗣志覃教授等遵从商老"文物要捐献给国家，不得散失"的遗训，又将明至现代的书画等文物两百余件，捐赠给新建不久的深圳市博物馆，将长沙出土的战国楚帛书残片捐赠给湖南省博物馆。据商老手札所记，他生前捐赠的文物：故宫博物院四十三件，中国历史博物馆六件，广东省博物馆三百七十四件，广东民间工艺博物馆两百零一件，广州市文物商店十一件，再加上深圳市博物馆两百九十六件，湖南省博物馆一件，合计九百三十二件。为表彰商老对国家文物事业的贡献，为弘扬商老无私奉献的爱国主义精神，广东省博物馆、广东民间工艺博物馆和深圳市博物馆特选出商老捐赠的文物精品凡一百七十三件，编为《商承祚先生捐赠文物精品选》，于1998年由岭南美术出版社影印精装行世。

商老将毕生的精力贡献给了祖国的学术文化事业和教育事业，并把毕生收藏的文物无私地奉献给了国家。他晚年生活充实，胸怀坦荡，有如夕阳，晚霞满天，其红胜于火也！他一无所求，唯望祖国统一。80年代，他曾数度赴香港小住，并与香港、台湾等地学者会面，切磋学问。他生前曾多次表示，如有机会，愿去台湾访问、讲学，会见故友，参观文物，万分遗憾的是，一直到他逝世，这种机会始终没有到来。他的遗愿，只能由他的后人和弟子代为实现了。

作者1962年考取中山大学中文系研究生，从容庚、商承祚先生治古文字学。中山大学中文系教授。

忆梁宗岱先生

戴镏龄

《随笔》约我写回忆梁宗岱先生的文章。这篇东西是我早欠下的债，几年来常为此感到歉然，今夏才有机会执笔勉力清偿它。

本来梁夫人还托我找几位梁先生的生前老友写些回忆，这个任务我却未能完成。其中一个困难是，他们对于梁先生后期生活，都不甚了了。再则他们几乎尽是八十岁以上的老人，精力不济，都不大写这类文章了。甚至个别老人，如朱光潜先生，对梁先生的死方嘘唏不已，对我谈起和他在欧洲结交以及北京大学同事期间共住旧名慈慧殿三号寓所的情况，谁知曾几何时，朱先生就一病不起了。

其中一位较年轻的，目前才刚近八十岁，即卞之琳先生，以前常向我打听过梁先生情况，可是近来信中却首先说自己健康如何急剧下降，写文章对于他怕是苦差事，这是可以想象的。

有的朋友虽年事已高，一时写不出什么回忆，却留心关于梁先

图1 梁宗岱先生（1903—1983）

生的文章，如罗念生先生，他特别拿一份他保存的《新文学史资料》给我看，上面有对梁先生一生活动相当详尽的报道。我特别要提到，梁先生去世不久，以前他在中山大学教过的卢祖品同学在《人民日报》上发表过一篇近似悼词的小品，堪称情文并茂，充分表达了于今不可多得的师生之间的珍贵情谊。

梁夫人以前常埋怨，"文革"期间的学生对梁先生拳打脚踢，横加伤害。梁先生品学如何，是非终究自分明。那班疯狂少年，现在已进入中年了，应该懂得事了，他们读卢祖品君的文章后，能不感到内疚？

梁先生抗战中从北方转到四川，再迁到重庆的复旦大学任教。诗人绿原告诉我，他是当时梁先生的门下。后来，梁先生在广西漂泊一个很长的时期，交通至不便，他的情况鲜为远道人士知悉。以至50年代初期，在部分关心他的朋友中传说他遭到飞灾横祸不幸身

图 2　留法期间，梁宗岱在塞纳河上

亡了。这个"海外东坡"之谣来自香港，据说当地还举办了梁先生的追悼会。

飞灾横祸是真，但正当他危在旦夕的时刻，他竟意外得救，无异死里逃生。原来他被诬入狱，地方官吏扬言定期召开宣判他的群众大会，这分明是想借刀杀人。至于何以开不成会，而他终于获释，并且平反昭雪，其中颇有传奇的成分，我不在此赘述。只需指出，他急中生智，不期然而然地仿效孙中山在伦敦清使馆暗中投书康德黎的办法，从监狱中秘密急信北京的一位朋友，终于北京有关领导立即发出救了他一命的电报。

经过这一段较长的折磨，梁宗岱在那个县过着颇为韬晦的生活，专心致志于他的草药疗效的应用推广。还是上面提到的罗念生先生，在成天伏案搞古希腊文学的繁忙工作中，写信提醒我，要我把梁先生请到广州。这是 1956 年夏天他到广州中山大学法语专业执教的来由。

　　他教学认真负责，并且表示要继续从事写译，特别译歌德的《浮士德》第二部（已译就第一部），以及法国文豪蒙田的随笔等。至于他的业余活动，草药研究仍然占用部分时间。他忙里偷闲，常听西洋古典音乐，他珍藏着大量这类唱片。关心他的朋友无不希望他拿出更多更好的成果，他自己也满腔热忱，满怀信心。

　　他到后不久，他的岭南老同学叶芳哲先生对我说："梁先生胆极大。"可能有感于他的直言无畏而发。20 年代沉钟社社员陈翔鹤先生（50 年代中叶主编《光明日报》的"文学遗产"副刊）南来，和梁先生喝了几杯后，对他说："你就像一个小孩子。"意思是说，天真达到幼稚的程度。两个人对他的看法是无意中说出的，都很恰当。梁宗岱的可敬可爱在此；他遭咒骂，遭攻击，也在此。每逢运动，不免首当其冲。

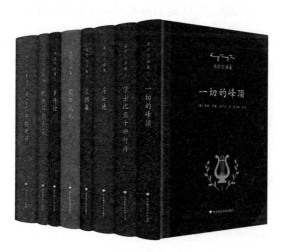

图 3　《梁宗岱译集》，华东师范大学出版社，2016 年

他初来广州，一切平静，可是次年就有反右的大风暴，因他是新到的人，大家对他不熟悉，未听到他有异样的言论，所以未"揪"到他。从 1958 年起，一连串运动，诸如教育大革命、反右倾、文艺整风，直至 1966 年"文化大革命"，许多知识分子不断受批判、斗争。以梁先生的为人，我们不难推想他是怎样一个被猛烈冲击和打倒的对象。

他以一颗纯洁的童心面对各种挑战，对发伪誓和作假检讨深恶痛绝，坚持说老实话。横逆之来，暴力之加，他无所畏惧，宁折毋屈。

…………

老天爷，那是什么时候，那是什么世界，他还如往常一样直率，身可辱而志不可夺，太值得敬爱了！

当斗争他的人用恶毒的语言贬低他，他必显示一个正直无畏的人的尊严，不妄自菲薄。众口大声汹汹："他自以为了不起，把他打翻在地再踏上一只脚。"他则引苏东坡赞欧阳修的话以自解："夫言有大而非夸，达者信之，众人疑焉。"那群在场赳赳武夫般的斗士，局限于低文化水平，虽经解释，仍无法了解这句话的真意，更加使劲地猛打，而梁先生却以为这是晓以大义。

说实在话，梁先生并非总是自以为了不起。他在广州寓所张挂了沈尹默先生写给他的条幅，爱不忍去。他常对我说，条幅上字固然写得好，而诗更说出他心上的话，值得玩味，那八句诗记得是：

> 少读涪翁诗，每作下士笑。
>
> 老学差有味，犹愧未闻道。

寥寥千载后，斯人惜怀抱。

　　深泓不可测，悲真知语妙。

　　这证明他是随年龄增长和阅历加深而不断虚心求益的人。他对中外名作家、名艺术家，都是抱这样的研究欣赏态度。他做学问不自以为是，做人亦然。他有平生敬畏的师友，对于后辈一艺之名、一技之长，往往赞不绝口。毋庸讳言，他评文论人，常坚持高标准；也严格要求自己，耻作第二流的人。而他又从不隐瞒这些观点，此所以易于招致误会。

　　他平生追求欧洲人文主义者所倡导的一种美好理想，人的全面发展，健全的智力寓于健全的体力。关于他体力过人，有许多故事。80年代北大温源宁教授在一篇描写他的英文小品里，说他行路像汽车一般飞驰。

　　初到重庆复旦大学时，他应邀参加重要校务会议，却于会议前临时到几十里外的村子去了。大家以为他无论如何赶不上与会了。他不但于会议开始前回到学校，并且背着一头奶羊，是村上农民卖给他的。他的神速和膂力立刻成了奇谈，而他则认为这太寻常了，在他算不了什么。

　　在广西时，他只身翻山越岭采集药草，每次披荆斩棘，和毒蛇猛兽搏斗，总是化险为夷，满载而归。据他说，他当时有"活神农"之誉。来广州后，他虽已年事较高，清晨仍经常苦练武功，劳动中勇挑重担，一般中青年人很难比上他的气力。我国书生向来以文弱著称的多，极少人有他这样的体魄。他自信可以活到百岁以上，照常工作。可惜"文革"中他遭到非法毒打，头部胸部腰部遭受重伤，

图 4 晚年梁宗岱

第二天他浑身上下用长布条裹扎，乍看就像一具木乃伊。

他一向冬夏穿短裤和短袖单衫，因此尽管到处裹扎，仍能看出有明显浸透的血痕。他不顾重伤在身，毅然清晨到指定的地点参加集中劳动，以表示卑鄙的行凶不能摧残他。当然，这更不能摧残他的意志。至于身体，那就是另一回事，这次他的内部要害受到重伤。他自制的药剂能奏效于一时，却治不了严重的后遗症。

精神的折磨，加速了他晚年病情的恶化。蒙田的散文，他已经无法完成选译的计划。我屡次问起《浮士德》第二部的翻译，这是他关心的一件事，他表示无论如何要把它译好。他见过《浮士德》

的好些英、法文译本以及汉语的魏以新译本，可是他感到不同程度的难以满意。

他译诗全神贯注，往往灵机触发，别有妙悟，不徒在字面上做考证功夫，至于专事辞藻的润色、音律的讲究，他虽认为不可少，但他所更用心的是表达原作的精神和风格。因此在他人认为结构上颇为简单的诗行，他有时觉得含蓄幽微，寄意深远，在汉译中不可草率处理。

他晚年对《浮士德》的德语尤其认真推敲，几乎忘记一切，可惜他身体既受到严重创伤，这工作对于他成了负担。前不久他的夫人把出版了的《浮士德》寄给我，我发现那乃是他译的原书第一部，似说明第二部他未曾译完。如果事实确是这样，太可惜了，梁先生亦必引为遗恨。

图5 梁宗岱手抄《水仙辞》的译稿

当"四人帮"倒行逆施的年头，他发出"宠非己荣，涅岂吾缁"的浩叹。他借用陶渊明《自祭文》中的两句话，发出一个正直知识分子对于不合理的世道所保持的冷漠和鄙视。"四人帮"垮台，他心情越来越好，然而身体越来越差，想奋发工作，而力不从心。

梁宗岱先生在病榻弥留前一两天，已经消瘦不堪，元气耗尽，他不作呻吟，而是发出雷鸣般的巨吼，震动整座楼房。这位才人临死依然豪迈粗犷异常。

他不怕死，但在死前竟留下一堆未完成的工作，他不得不用连续的巨吼代替天鹅绝命的长鸣，以发泄他的无限悲愤。然而他可以告慰的是，他还是留下一笔遗产，他的诗词、评论、中国名著法译、外国名著汉译，将长久沾溉后之读者，为文苑生色增光。

作者于 1939 年获英国爱丁堡大学文学硕士学位，同年回国，历任武汉大学、中山大学教授、外语系主任。

陈心陶：送瘟神以身报国　葆初心情寄苍生

在佛山市三水区南山镇九龙岗，曲折的山路旁，有一块硕大的山石碑，上刻几个红色大字：陈心陶纪念地。中山大学与佛山市三水区共建的陈心陶精神教育基地包含五个场所，这片纪念地是其中之一。

图1 陈心陶先生（1904—1977）

图2　佛山三水陈心陶纪念地

2022年5月，陈心陶精神教育基地入选为首批国家级科学家精神教育基地。

陈心陶，这位赫赫有名的岭南寄生虫学家、医学教育家，在20世纪50年代举国"围歼"血吸虫病战役中，创造性地提出"结合农田基本建设消灭钉螺"的血吸虫病防治对策，因功绩卓著而数次受到毛泽东接见。

"事业必须在祖国生根"

1904年5月，陈心陶出生在福建省古田县一个普通邮局职员家庭，因幼年丧母，童年并不快乐。但他从小勤奋好学，1921年考入福建协和大学，靠勤工俭学完成了该校生物系的学业。1925年毕业后，陈心陶留母校任教，1926年7月来到广州，受聘于广州岭南大学，先后担任生物系助教、讲师。

1928年，陈心陶因在校表现出色，获得奖学金赴美国进修。他

图3　1949年，陈心陶与夫人郑慧贞在岭南大学故居花园合影

选修了寄生虫学和比较病理学，仅用3年时间就先后取得明尼苏达大学硕士学位和哈佛大学医学院比较病理学博士学位。

毕业后，陈心陶毅然回到祖国，1931年开始任广州岭南大学医学院寄生虫学、细菌学教授，还承担起生物系主任和理科研究所所长的重任。

在那个年代，从事寄生虫学研究的人寥寥无几，陈心陶决定做一头开荒牛——他确定了自己的学术方向，醉心于调查中国南方各种动物体内的寄生虫，并以深入乡间田野考察的实证，陆续发现并命名了许多寄生虫新种，轰动学术界。

在 1940 年发表的专著《怡乐村并殖吸虫》中，陈心陶用极为丰富的数据雄辩地证明一个新肺吸虫物种的存在，修正了当时国际上流行的单一肺吸虫物种的看法。该专著也成为我国最早的有关并殖吸虫的权威性专著。

后来，日军进犯广州，岭南大学几度被迫搬迁，终至 1942 年停办。1946 年，岭南大学复办，陈心陶回到岭南大学医学院，任寄生虫学科主任、代院长。其间，他失业过、流亡过，还在战火中失去了一个初生的孩子，但从未停止学术研究，并积累了极为丰富的一线经验。

1948 年至 1949 年间，陈心陶获邀再次来到美国华盛顿的柏罗维罗蠕虫研究室、哈佛大学医学院和芝加哥大学进行蠕虫免疫学研究，又发表了数篇颇有影响力的专业论文。但新中国成立后，他仍不顾各种挽留，迅速回国，重回岭南大学任教。

陈心陶后来曾在自传中提到这段经历，坚定地写道："一个中国人，他的事业必须在祖国生根。"

"为了人民的健康"

位于广州中山大学北校区的寄生虫学楼，是陈心陶教授生前从事教学科研的地方。迈进一楼大厅，正面墙上悬挂着一幅毛泽东亲切接见陈心陶的照片，拍摄时间为 1956 年 1 月，当时陈心陶正应邀参加全国科研十年规划会议和最高国务会议、全国政协会议。会议期间，毛泽东三次接见陈心陶，照片记录的便是其中一次：毛泽东

图4 陈心陶在血吸虫病疫区指导调查钉螺

在国宴上和他比肩而坐，同桌共饮。当时陈心陶穿的那件中山装，至今仍存放在中山大学医学博物馆内，成为"镇馆之宝"。

陈心陶精神教育基地负责人、中山大学中山医学院寄生虫学教研室教授吴忠道，在接受《羊城晚报》记者专访时说，毛泽东之所以接连三次接见陈心陶，一是因为陈心陶当时是具有丰富现场工作经验的知名血防专家，作为政协委员的他在会上积极响应毛泽东的"灭虫"号召，高度认同新中国将血吸虫病防治纳入国家规划的做法和主张。第二个原因是，陈心陶提出的结合水利及农业生产来防治血吸虫病的科学对策，与毛泽东的判断不谋而合。

血吸虫是一种可感染人和多种哺乳动物的寄生虫。人体接触到含有血吸虫尾蚴的疫水后，最快 10 秒就可以被感染。1949 年前后，我国血吸虫病流行极为严重，全国的患病人数达 1000 多万，受感染威胁的人口超过 1 亿人，群众称之为"瘟神"。

1950 年，陈心陶刚从美国归国不久，就听说广东四会等地出现"男人大肚如怀孕"的疫情信息，他立刻随省人民政府派出的工作组赶赴疫情现场开展调查，从此投身到新中国防治血吸虫病的事业中。他的初衷正是"为了人民的健康"。

在今天，位于佛山三水区南山镇的六和塘背村，广东省首座以血吸虫病防治为主题的纪念馆"初心学堂"里，仍保存着陈心陶参加那次全国政协会议后亲笔写下的文章。他说："毛主席鼓励我要相信自己的力量，相信我们国家可以做到资本主义国家所不能做出的事情来，不要怕困难，有困难就一个一个去克服。"这不仅是陈心陶一生引以为傲的事，也成为他毕生从事科研的动力之一。

独创"六字方针"驱瘟神

陈心陶绝不属于书斋和实验室的科学家，他的足迹追随着危险的寄生虫，几乎踏遍了当时广东省内的各个疫区。对当地居民、耕牛进行粪便涂片检查，解剖草塘地区生活的野鼠……通过努力，陈心陶团队积累了大量一手科学资料，最终摸清了广东省血吸虫病流行区域及具体情况，证实广东共有 11 个县流行血吸虫病，患者达 8 万多人，部分村庄的居民感染率高达 31.1%。

陈心陶长居疫区，亲自带着队伍在杂草丛生的河溪岸边寻找血吸虫唯一的中间宿主——钉螺。他观察钉螺的滋生环境，开展现场试验，发现用土深埋、用深水淹等办法可有效灭杀钉螺，便摒弃了原本使用西方流行的化学药物灭螺治虫的做法，并根据广东省血吸虫病的流行规律和特点、结合中国农村的实际情况，提出了一套独创的六字方针——"水（兴修水利）、垦（围垦良田）、种（种植作物）、灭（消灭钉螺）、治（医治病人）、管（管好粪便）"，以控制和消灭血吸虫病。这套方法既可扩大耕地面积、兴修水利、促进农业生产，又消灭了钉螺，后来被国内外学者公认为是科学有效的血吸虫病防治法。

陈心陶提出的治理方法受到广东省委的高度重视并迅速在全省推广，广东最终成为我国首批

图 5　陈心陶藏书

终止血吸虫病流行的省份之一。资料显示，当时的广东重点疫区四会县草塘，在交出了一份"加固 20 多里长的北江大堤，挡住两岸的洪水，填平几百条滋生钉螺的旧河沟，开出 330 多条总长 150 多公里的水渠，开发 40 万亩良田"的成绩单后，也彻底摆脱了疫情肆虐的困境。

为科研献身死而后已

令人唏嘘的是，因为长年涉险，陈心陶在科研实践中不幸感染了血吸虫病。1971 年 10 月，他因病不得不手术切除脾脏，自此健康状况一落千丈。1977 年 5 月，他又因后遗症再次住进医院，被确诊患上了白血病。

在生命弥留之际，陈心陶仍没有停止自己的科研工作。首次病危被抢救过来后，他坚持每天审定几页《中国动物志·吸虫志》书稿。陈心陶自知时日无多，数次恳求主治医生："再给我5年时间吧，我要做完我的工作。"只要有能离开医院的时间，他就将自己反锁在学校教研组办公室，争分夺秒地工作。

家人介绍，陈心陶在临终前几天已无法握笔，仍艰难地嘱托前来探望的亲人、学生，请他们帮忙完成几件事，其中就包括《中国动物志·吸虫志》的编纂。

1985年12月9日，广东省宣布消灭血吸虫病。省委、省政府表彰消灭血吸虫病的功臣，特别为陈心陶颁发头等功荣誉证书。又过了两年，陈心陶主编的《中国动物志扁形动物吸虫纲复殖目（一）》一书，获得1987年国家自然科学三等奖。

陈心陶一生研究成果丰富，发表了150多篇科学论文和《医学寄生虫学》《中国动物图说（扁形动物）》《怡乐村并殖吸虫》等具有极高学术价值的专著。身为教授的他还为国家培养了研究生25名、进修生32名，成为当时全国培养研究生、进修生最多的教授之一，这些学生后来绝大部分成为寄生虫学各领域的中坚力量。

如今，在广东三水南山镇，陈心陶的名字依旧家喻户晓。这位著名教授，潜心研究血吸虫病，曾在三水长居10多年。后来，陈心陶与妻子的部分骨灰埋葬在这里。2009年，当地政府将他在三水的墓地建成了陈心陶纪念地。陈心陶的墓前不仅有他的雕像，还有当地人为他立的一块纪念碑。

墓地绿荫深深，陈心陶与妻子比邻相望的墓地中间，不知何时神奇地长出一棵直蹿蓝天的美丽异木棉，每年都在一丛墨绿劲松间

图 6　陈心陶指导学生做研究

开出一树粉红的花朵。三水区南山镇党委委员黄恒建说："南山镇就是曾经的迳口农场，血吸虫病肆虐时期，这里'十室九空'。如今，这里一片绿水青山，如果没有他，就不可能有这样好的生态环境。我们要把陈心陶的奋斗精神一直传承下去。"

作者为《羊城晚报》记者；任海虹，《羊城晚报》通讯员。

大音希声

——小记马采教授的学术风范

冯达文

图1 马采先生（1904—1999）

两年前（指1998年——编者注），台湾大学一教授来访。饭席间，谈及学者中两夫妇合作做学问成"最佳拍档"事，我首先列举马采教授。台湾学者惊问："马采先生还在？"我告诉他马采先生夫妇均健在，台湾学者再问："是不是在北京？"当他得知马先生在中山大学时，兴奋地立刻要我带他前去造访。两夫妇以学生的姿态站在马先生夫妇后面拍了很多相片。

这件事使我感到惭愧：何以马先生的学问在外面甚有影响，在中山大学却少有问津？！

图 2 1996 年台湾大学郭文夫教授拜访马采先生

我是 1960 年来中山大学哲学系读书的。但是，我有幸读到马先生的著作，还是十几年后、70 年代中期的事。那时我被分派在西方哲学教研室，马先生乐意指引我入门，便将他于 40 年代末撰写的《论苏格拉底》一文找出来让我研读。读毕，我深为论著中严谨的学理分析所折服；并且，借助于论文对苏氏人格的赞扬和对苏氏死后哲学由信仰向知识坠落意谓"哲学的终结"的判定与太息，我同时感受到了作者心灵的颤动。我至今仍然时常玩味论著中如下这段话：

（苏格拉底被处死后），继承这个"哲学"、活跃于雅典的哲学家，除柏拉图一人外，没有一个纯粹的雅典人，没有一个像苏格拉底，为自己的国家，为自己的国民，把生命作赌注去从事哲学。这一方面虽由于雅典的政治极端腐化，杀了一个苏格拉底，同时又阻止第二个苏格拉底的出现；另一方面，亦由于苏格拉底"哲学"本来性格——只诉诸个人的理智，从个人入手去进行改造，和不直接参加政治，只是从旁加以批评指导。抹杀了批评的理论的政界无远见的实用主义，和从批评倒退到旁观的外地人冷淡的态度，便使苏格拉底的"哲学"变了质。总之，经过了这一次事变以后，哲学的说法虽然恒河沙数，但已变成没有被杀的危险、没有被杀的必要，乃至在被杀前逃了命的"哲学"了。

于此，马先生对哲学逃离信仰逃离责任而仅被看作一纯粹客观与静观的知识之批评是多么严厉。当今，自命为、被封为哲学家、思想家的人，又岂止"恒河沙数"呢？在我们看到大学讲坛或出版刊物上的哲学高谈已经走得更远、已经完全蜕变为一项操作、一种谋利手段时，我们的心情亦会像马先生当年对苏格拉底之死所感受到的那样惆怅与沉重！

80年代初，我于《美学》第三期上读到马先生发表的美学论著《论美——从移感说观点看审美评价的意义》。该文可以看作是马先生之由关注"观念论"美学向"移感"说美学的一个转变。在"观念论"美学那里（例如黑格尔），"美"被看作一客观、绝对的实在体（或"绝对理念"）；在"移感"美学这里，"美"被体认为人——主体精神生命与人格追求的证成与肯定。这一转变，在马先生个人那里，可以看作是与他把哲学认作为主体信仰与践行的学问的见解取得了完全的一致性。而在中国现代美学发展史上，却有另一重意义。无可否认，中国近几十年的美学，基本上为黑格尔"理念论"范式所笼罩，在近代黑格尔把"美"看作一客观外在的实在体（或绝对理念）的情况下，"美"对人——主体是疏离、冷漠的。然而，在现代美学的眼光中，"美"本是于主体我内在生命情感流淌出来的感性形式。马先生走出黑格尔而接纳李普斯为代表的移感说美学，实质上是要使美学由近代走向现代，让"美"重新亲近人——主体，成为活泼泼的主体我的生命的体现与象征。要知道马先生的这篇论作最早是在 40 年代发表的。马先生显然很早即已启动了中国美学由近代向现代的转变。而当马先生于 50 年代借移感说的"生命情感"为媒介重新解释中国艺术史上的"气韵生动"等命题时，我们甚至得以在他的研究中较早地看到了中国传统美学的现代意义。

往后，我又陆续读到马先生《中国美学思想漫话》（上海人民美术出版社，1988 年）一书，和《孔子与音乐》手稿，读毕这一批关于中国古典艺术与美学的作品，我真正意识到了"学贯中西"一词的分量。

内行的学者都说，在美学成就上，马先生堪与宗白华先生媲美。我没有机会拜读宗先生更多的著作。80 年代在读到《美学散步》时，对宗先生的灵性与诗人气质感受甚深。而在读马先生的论著时，我同时还可以感受到他在学理分疏的缜密性方面透现出来的思想的力度。马先生在美学上的这一长处显然得益于他的哲学素

世界哲学史
年表

马采　陈云　合编

SHIJIE
ZHEXUESHI
NIANBIAO

图3　《世界哲学史年表》，马采、
陈云合编，华夏出版社，2009年

养，他以哲学家的眼光去审视美学问题，这使他对美学、艺术学的探索持有一种冷静、客观的态度；他又以美学家、艺术家的激情去品评哲学问题，这使他在哲学的思索中透现出对跃动着的生命主体的至爱与倾情。

然而，实际上马先生的学术成就，并不仅限于哲学与美学，在文献与史学研究方面，马先生亦有甚深功力。50年代，他曾对顾恺之之生平、艺术创作作过详细的考证，对顾氏之《画云台山记》《论画》作过校注。在考辨中，他根据葛洪的《神仙传》所载，纠正了流传本的《画云台山记》文中有关人物配置的几个关键性的错字，得到史学界与美学界的首肯。80年代开始，他先后着手编撰《世界哲学史年表》《美学史年表》。这种被马先生戏称为"资料性"的工作，是我辈中许多人不愿意做，当然实际上也无法做的。马先生精通日、英、德、法等多种文字，熟悉多个国家的古典文献，这已使我辈不可企及。更重要的是马先生的坚韧性。他一个八九十岁的老人，常常跑到图书馆去坐冷板凳，一泡就是三个小时，这诚然是由市场经济原则支配下浮躁的心灵所难以想象的。然而，真正的学问却是在冷板凳上泡出来的。著名历史学家姜伯勤教授曾亲自带着他的学生拜访马先生，

图 4　九十岁生日时的马采先生与夫人陈云

为的就是要他的学生向马先生学习，认同作为一个学者必备的在文献堆里"泡的精神"。时下不少中青年从学者喜欢做"明星"，热衷炒"明星效应"，他们的作品只可以作"一次性消费"。读一读马先生30年代、40年代所写的论著，我们才可以感受到作为一名学者及其学问的长久生命力。

诚然，马先生的学术观点，不是不可以批评的。但是，马先生的治学道路，却是中山大学人文学者应该走的共同道路。

遗憾的是，近几十年来中山大学似乎不认识马采，无怪乎台湾学者会有"是不是在北京"的怪问。马先生真的体证了老子的说法："大音希声！"老子这一话语所标识的，无疑正是马先生个人的人格追求。但是，问题在于人们有责任认识自己的学者。唯有真正认识像马先生这样一批学者，学校才有可能认识它自己。中山大学在认人认己方面，实在错失了许多岁月。记得马先生曾说，他有生之年，希望能够编辑出版四本文集、两种年表，《世界哲学史年表》有幸于 1992 年由中国社会科学出版社出版。然而，他编撰的第一本论著《哲学与美学文集》，即便老人自己斥资部分，也是经过多方奔走，才得以面世的。第二本论著《艺术学与艺术史文集》，同样经历许多曲折，才终于可以付梓。两书的出版，或许算得

图 5　2019 年 12 月 23—25 日，中山大学哲学系
举办"纪念马采先生逝世二十周年座谈会"海报

上终于开始认识马采。

可是，马先生的得力助手、夫人陈云女士，在编毕《中国美学学术史年表》之后，来不及等到正式出版，便已辞世。我们正筹措于1999年4月，值马先生九十五华诞的日子，举办"马采教授学术思想研讨会"，不幸的是，这一天尚未等到，马先生亦仙逝。我们期望研讨会的召开可以表达我们作为晚辈与后学对先生学术风范的一份敬意。现在这份敬意只能够长久地储存于我们的心底了。

作者1960—1965年就读于中山大学哲学系，毕业后留校任教。现为中山大学哲学系教授，中山大学禅宗与中国文化研究院首任院长。

怀念董每戡先生

曾扬华

图 1 董每戡先生（1907—1980）

每戡先生离开我们已近二十年了。虽然四十多年前他就是我的老师，但和董先生的正式交往也只是他在世的最后一年多时间。尽管相隔这么久了，可是许多事情给我的印象却又是那么深刻难忘。在我的心目中，董先生既是一个平凡的人，又是一个极其不寻常的人。说他平凡，是因为他在相当一段时间里隐居闹市，默默无闻，甚至本系的许多师生都不知有其人，更谈不上什么名声了。这也不奇怪，因为他曾经离开过中文系有二十多年的时间，以至当他还健在时，就有传闻说他过世了。说他不寻常，是因为他在 1957 年被错划为"右派分子"后，举家迁往长沙，在许多平常人难以忍受的经历和困难条件下，仍然顽强地活着和著述，并做出了许多人做不出的成绩来。这一点不仅平常人，就是某些时贤甚至号称大师的人也难望其项背。

在长沙居住的二十多年里，董先生一家一直过着拮据的生活，最初董先生曾以为可以靠稿酬度日，谁知事与愿违，连原先已经付排的书稿也拆版了。由于董夫人也同样"错划"，于是二人皆处于无业状态，一家三口就靠当工人的独子每月数十元的工资维持生计，其困窘状况可想而知。

1978 年夏，我和苏寰中先生奉校、系之命去长沙探访董先生，来到学工路的董宅时，眼前所见，令自己的日子本也过得颇为寒酸的我们也不禁为之鼻酸：这位著作颇丰的前二级教授之家，除了古

图2 董苗（董每戡先生之子）讲述父亲当年写字的样子

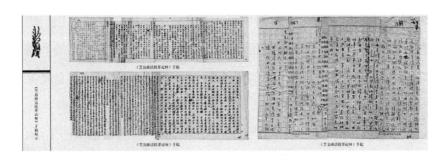

图3　董每戡先生的"百衲本"手稿

人常用的"家徒四壁"这四个字，真的很难找到其他更为恰当的语言来形容了。两老的一张床铺只是两块木板随便搁在几个空肥皂盒上面。董先生虽身处厄境，但仍不失学者本色，他念念不忘的是研究学问，经常不离手的是一支破旧的钢笔，因为笔胆坏了，无法吸水，只能当蘸水笔用。更为令人难以想象的是，董先生每日笔耕不辍的笔下竟无一张白纸，大量文稿都是用友人来信的背面或裁下空白的地方连缀起来再用。董先生回校后投给中大学报的第一篇稿子就是用这种纸交去的，学报编辑廖文慧先生最初颇觉怪异，当了解情况后，为之唏嘘不已。

困难还不仅此而已。董先生当时已是年近古稀的老人，又是那样的环境，身体自然也不见好，最使他为难的是他的右手常处于颤抖的状况下，无法正常握笔写字，每次书写时，都要用左手使力按住右手来推写，而成千上万字的文稿竟是这样书写出来的。见此情况真令人惊讶不已且又难受不已。这需要有多大的毅力才能坚持下去啊！

而更不幸的恐怕还不是写作时身心所付出的辛劳，而是产品出来后所遭遇的厄运。在"文化大革命"中，为了耗尽心血写出来的书稿不致遭劫，董先生想法把一些重要的书稿藏在一个废弃了的炉灶深处，那里漆黑脏乱，一般人都不愿去碰它的，也许较为安全。后来果然虽经抄家，这些稿子却幸存了下来。但也因此长时期不敢去检视它。待风潮过后再取出来时，简直令人目瞪口呆，书稿竟被老鼠咬得一塌糊涂，尤其一部六十万字的《中国戏剧发展史》（这是迄今为止最为宏大的一部中国戏剧史吧）已经体无完肤，面目全非。有什么事能比这更令人揪心的呢！

董先生所经历过的事情自然远远不止这一些，但凭着信念和毅力都闯过来了，而且发愿还要把被毁坏了的书稿补写回来。因此当我们转达学校的意思，征询他的意见，是否愿意返校重新任教时，他一口答应了。因为回到学校既可继续为教育工作发挥自己的作用，又有更好的条件（尤其是图书资料）来完成他的著作。如果不是一个不计个人得失、愿意抛弃前嫌、甘把全部身心投进事业中去的人，又怎能做到这一点呢？

1979年5月，我奉命第二次去长沙，很顺利地将董先生全家接回了中大。董先生全家被安置在一套二十八平方米的单元房里，一切很简陋，但他毫不计较，一回来就紧张地投入工作中去了。由于我就住在董先生家对面，早晚都能相见，他外出活动很少，整天都在家里阅读和著述，从他托我去查寻一些资料的情况来看，他用力甚勤，时间抓得很紧。同年11月，他作为特邀代表，去北京出席了第四次全国文代会。

董先生的著作相当丰富。早年他就著有《中国戏剧简史》《西洋戏剧简史》《西洋诗歌简史》《戏剧的欣赏和创作》《说剧》《三国演义试论》《琵琶记简论》等书。在后来十分艰难的日子里，他还用颤抖的双手推写出：《中国戏剧发展史》《明清传奇选论》《李笠翁曲话选释》《三国演义试论》（增修本）《说剧》（增补本）以及《五大名剧论》等学术著作。另外，还创作有一批诗词和剧作。以他的处境竟作出了如此突出的成绩，确实是极不寻常的。

董先生不仅是一位优秀的戏剧史专家，他同时又是一位卓有成就的戏剧家。他既能编（有剧作多种），又能演，也能导演，有丰富的实践活动，这一切使他在研究戏剧时便有着许多独到的理解，与一般仅仅停留在案头的研究工作迥异。董先生回校，他原来的许多朋友、学生都去看望他，并期待着他有更多的成果产生。这一点与董先生的怀抱也是一致的。记得在 1979 年 5 月 4 日接董先生全家从长沙回广州的列车上，车过韶关时，预示着很快就可回到离别二十多年的中大重新工作了，董先生当时十分兴奋，即兴赋诗一首，并当场给我看了，诗曰："清晨车已过韶关，二十一年初见山。我爱青山青未了，青山笑我老蹒跚。"诗中反映了董先生对生活的热爱、对未来事业的憧憬以及不服老的情怀。这是何等令人高兴的事情！

孰料天有不测风云，回中大还未到一年，一切工作还正在开

图 4 《董每戡文集》，黄天骥、董上德编，中山大学出版社，2004 年

始，当年冬天，先生因感风寒，并发肺炎，竟于 1980 年 1 月 13 日溘然长逝。真是千古文章未尽材，令人叹息不已，问天无语。杜甫云：文章憎命达！是耶？非耶？不过，人生在世，事情总是做不完的，以董先生之所作所为，他是可以无愧于人、于世的。尤其他那真诚耿直的性格，虽然曾给他带来许多殃祸，但它同时又使先生得以永远植根在他的许多朋友、学生心中，它是实实在在的，是任何虚名儿所不可比拟的。先生可以无憾矣！

作者 1959 年毕业于中山大学中文系，中山大学中文系教授，曾任中文系主任。

追溯往事

——记父亲杨荣国

杨淡以

　　追溯往事，常思念的人似就在眼前——乐在其中；常思念的人，那坚强的意志，那顽强的精神——起伏在心中。人生的风风雨雨，忧忧乐乐交融在脑海里，泛起了一层又一层的涟漪……

一

　　我祖父由于出身贫寒，没有读过书，深知不识字、没文化的痛苦，因而在我父亲七岁时，就把他送进了私塾，开始了启蒙。父亲熟读了"四书"、"五经"、唐宋诗文等等。

　　我父亲进私塾不久，我的祖父就去世了。家人只有一个三四岁的弟弟、姐姐、三十六岁缠着小脚的母亲，还有年迈的祖父。从此，他走上了要靠个人开创的极其艰苦的人生之路……

图 1 杨荣国先生（1907—1978）

二

他在大学里念的是教育学。年轻的他认为只有教育才能让人人有文化，才能改变祖国贫穷的面貌，可现实生活并不是美丽的梦幻。教书、失业，失业、当家庭教师……这种频繁交替变换的经历，使他逐步认识到仅靠教育救国是行不通的。

早在大革命前后，长沙地区的文化界人士、青年学生就组织过"雪耻会""抗日会"。当时，我父亲和他的同学们参加了抵制日货、反对向帝国主义投降等活动。"九一八事变"后，中国人民在中国共产党领导下，掀起了风起云涌的抗日救亡运动，并在全国各地组织了"救国会"，湖南长沙也成立了"救国会"。1934 年他参加了革命，1935 年加入了"救国会"……

三

父亲写的《中国古代思想史》一书，在我看来，是一本与他共患难的书。记得，我和继母探监时，我看到父亲正伏在用砖头垒起的小砖桌上，用一只难以伸展的右手不停地写！这张小砖桌正对着铁栅门边，光线就是从这铁栅门隙中射进这间狭窄的牢房的。

父亲说过，他在重庆搞统战工作，曾向周恩来同志汇报过工作，周恩来同志教导："如形势不利于搞大规模的公开活动，有研究能力的人，尽可以利用这个形势，坐下来搞点研究，抓紧时间深造……"周恩来同志的话，给予他一股不可遏制的力量。

1954 年《中国古代思想史》出版后，曾有记者专为此采访了我父亲。这位记者写道：

> 在敌人的监牢里，杨荣国首先想到的，还是怎样继续著述《中国古代思想史》，他把他的著述看作对敌人的斗争。他想，人被关在牢里，斗争可不能停止！他理直气壮地要求读书、写字，他要笔、要纸、要古书！反动派无可奈何地答应了。于是，他要来了许多古书（是嘱咐其妻子从家中拿来的）。用砖垒成一张小桌子，整天不停地写，写，写！愚蠢的狱官从那专门监视

图2 1954年7月，杨荣国（左一）等在中山大学惺亭前合影

犯人的小洞里，只看见一个正气凛然的学者在埋头抄写，他怎晓得这位学者正是这样在进行着严肃的斗争！杨荣国在牢里边整理资料，边打腹稿，在狱中的十个月里，整理了不下三十万字极其珍贵的资料。

我父亲从事学术研究以来，特别是参加革命后，注意到哲学史的研究必须在通俗化、大众化方面下功夫，使难懂的中国古典哲学变成群众易于学习的读物，这是他在治学方法上的一个显著特点。他在《中国古代思想史》序言中指出："过去写中国思想史或哲学史的，有一个共同的毛病，就是征引古书多，使读者难免有佶屈聱牙之感。本书征引古书，勉力译为白话，当可便利读者。"

图3　《中国古代思想史》，杨荣国著，人民出版社，1973 年

所谓"当可便利读者"，充分说明他在解放战争时期着手写这部著作，不是为了藏诸名山，而是为了使广大读者读懂。所以他努力运用一种新的体裁，以白话文的通俗形式，表达深奥的中国古代哲学内容。例如，他每引证一句古文，对每一个词汇、概念、范畴，都做仔细的考据，甚至在向朋友请教后才下笔译成白话文，并作"注释""旁注"，附录原文，以便读者对照阅读，做到通俗而不违背科学。他不仅重视行文表达的深入浅出，而且重视标题的通俗化，以使读者对每章每节都有一个简明而科学的概念。

同样，他讲课也是深入浅出、通俗易懂的。前些年，他的一位学生曾来信追述我父亲上课的情景，他写得很具体，很有代表性，我摘引如下：

谈及杨老师的教学，四十多年前的情景便再涌现于脑海里。古人以"如沐春风之中"比喻良师的教育，这比喻实在是再恰当不过了。听杨老师讲课，两个课时觉得一闪眼就过去了。古奥难懂、抽象、枯燥的中国哲学史，他讲起来是那么通俗易懂、深入浅出！他逻辑性很强，思路很开阔，分析问题很透彻。如讲墨子"孝的社会化"时，就跟孔子的仁、孝和厚葬久丧等思想对比起来讲，最后指出，墨子"说到孝，不利于人则为非孝。而厚葬久丧是不利人的，故以此作为非孝之事"。从这里可知，墨子的所谓孝，不是像儒家那么狭义的，而是要把孝导向社会化的道路上。这里已将孔墨所讲的孝在本质上的区别，讲得很通俗易懂，很明白。接着又进一步指出："这种使孝趋向社会化，从一方面说，固是打击儒家；但从另一方面说，便是打破统治者的血统关系，使统治者的血族整个瓦解，专不了政。"这就把哲学思想和当时的政治斗争紧密地结合起来，通过讲授哲学思想很自然地说明当时的政治斗争，哲学思想的阶级性也就很

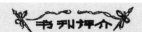

图4 维诺格拉多娃《评俄译本〈中国古代思想史〉》

具体地反映出来了，问题分析得甚为精辟透彻。他同时又融化马列主义的立场、观点、方法于哲学史的讲授中，并通过这些史料进一步阐明马列主义的理论。故听杨老师讲课，不仅可以学到中国哲学史的科学知识，同时也受到马列主义的熏陶。这种熏陶是受教育者通过专业知识的学习很自然地获得的，教学起了潜移默化的作用。诚然，春风化雨，循循善诱……

他这番话，反映我父亲不论是课堂讲授，还是伏案撰文，心里都想着群众。他通俗明白地讲解了笼罩在神秘帷幕中的哲学思想，扩大了读者的视野，使哲学从哲学家的课堂或书斋里解放出来，为群众掌握，成为群众的武器。

《中国古代思想史》出版后不久，即被译成俄、德、越文，为祖国争得了一定的荣誉。当时莫斯科大学教授维诺格拉多娃在评俄译本《中国古代思想史》一文中指出："杨荣国所著的《中国古代思想史》是第一本译成俄文的、以马克思主义观点说明中国公元前1500年至公元300年间古代思想的变革、哲学的产生和发展的论著。"他没有辜负党和人民对他的培养和教育。

四

70年代初，我的继母不幸去世，留下六个年幼的小弟妹，他们和我的父亲都需要照料，父亲通过组织，把我调入中山大学，这是我完全未料到的，因我当时还在云南大学进修。在父亲身边工作，这对我一生来讲是第一次。这使我耳闻目睹了父亲身边所发生的种种事情，也使我更进一步了解了父亲。

那时，正值有关领导提出要修改父亲主编的《简明中国哲学史》，修改此书的驻地在广州沙面宾馆。我父亲为负责人之一，他去参加过两三次会，终因多次无痛血尿住进了医院。可以说，他对此书的修改工作就此画上了一个句号。尽管如此，他在北京首都医院治病时，还是有一两位参加修改的人拿着笔墨纸到病房来，让他为此书题写书名，并告之此书仍由他任主编。事后，他对我说："我因病修改工作未参加，我能知道什么？"修改本仍以杨荣国为主编，大概是因为这本书的初版是他主编的缘故吧。

父亲的病从无痛血尿开始，检查确诊为肾癌。第一次手术割掉一个肾，不久癌细胞扩散到膀胱，第二次手术又割掉部分膀胱。接着又是化疗，血尿不断。

由组织安排，他先后住进广东省人民医院、北京首都医院、北京日坛医院，有四年左右的时间基本上在医院度过。患病的他，要求自己仍是严格的。他每天坚持听新闻广播。病情允许时，他读报，还让我买回有标点符号的二十四史，他一边阅读，一边把摘要写在我为他买的小笔记本上。父亲严格要求自己，治学严谨，这是他的一贯作风。他曾经这样说：

> 关于研究学术问题，我曾对我的学生说过，"哲学思想史"是一门"边沿科学"，必须掌握哲学和历史的统一，做到"史论结合，融论于史，以史阐论"，实则是指从事中国哲学思想史的研究必须以马克思主义的唯物史观为指导，把历史和哲学思想有机地结合成一个整体进行研究。只有这样，才有可能真正发

图 5　杨荣国阅读《马克思恩格斯选集》

掘中国哲学史的发展规律及其内在的联系。我还说过，希望培
养出来的青年学生有渊博的知识基础，而又专精独到，能运用
马列主义毛泽东思想治学，以进行独立的研究。做学问应有一
个渊博的基础，这是因为知识的关联性大。如马克思的《资本
论》是经济学，但又是哲学，又是史学等。由于要渊博，主张
读古书虽不懂，还要照教师的要求把它背熟；由于要渊博，要
读前人的书。除渊博的知识基础之外，还要专精独到，有独立
研究的能力。要注意搜集资料，进行分类，写成卡片，从而对
资料进行分析研究，得出正确的结论。我每天上午写五百字。
对写这五百字，是推敲而又推敲的。到下午，则看参考资料，并分析参考资料。另外要学好外国文，读懂古文，练习好语体文，以期写出很好的研究论文来。与此同时，搞学术研究，要求每个人要有自信，有毅力。坚持到底，就一定能有所成就。

他执着追求知识的精神，在他童年时就显示出来了。至青年时代参加革命入党后，他更是严格要求自己，按党的指示精神工作、学习和研究。如抗战时，一本毛泽东同志著的《辩证唯物论提纲》（是当时只在地下党员中传阅的油印本，未公开发表。它是毛主席在抗大的哲学讲义，是毛主席哲学思想的主要内容，也是《实践论》《矛盾论》的前身）油印本，他随身携带了数年。1946 年，他用"季埜"的笔名为此提纲写了前言，由桂林文化供应社出版，印发了两千多册。这本提纲，他读过不知多少遍，受到了深刻的教育与启示。他接受了毛泽东同志关于"全部哲学史，都是唯物论和唯心论两个互相对抗的哲学派别的斗争和发展史""所有的哲学学说，表现着一定社会阶级的需要，反映着社会力发展的水平和人类认识自然的历史阶段"的观点。他以此为指导思想，运用史论结合的方法，创作了《中国古代思想史》《孔墨的思想》《中国十七世纪思想史》等书。他这种谨守历史研究联系实际的学风，是深受他的学生欢迎的。这是我对父亲治学思想的认识。

其次，我父亲的组织观念强，对这一点我深有感触。在治病期间，中山大学或是广东省委领导来看望他，他总会向他们汇报自己所知道的病情，以及自己当时的思想……

父亲与他当年战友的深情，也给我留下了深刻的印象。

父亲病情稍有稳定时，常让我与侯外庐、赵纪彬联系。那时，侯外庐伯伯患病住在北京医院，我在照顾父亲之余，还常受父亲的

图6 1976年春，杨荣国（左）、赵纪彬（右）于北京颐和园

委托去看望伯伯。一次，侯伯伯语重心长地对我说："你父亲病了就要好好治病，不要外出作报告了。"我将侯伯伯的原话转告我父亲，他点点头，对这友谊之情他心中十分感激。

他对我说，在重庆时，他除了完成党所安排的统战工作，还要为找到赖以谋生的工作而奔波。那时，翦伯赞住在歇马场骑龙穴大院，父亲就在他家住了三个月左右。侯外庐也住在歇马场白鹤林，他们两家仅相距二三里。父亲写《清代思想史》的不少参考资料，就是从这两位学者的书籍中抄录的。在这里，他的生活还得到了翦伯伯及其夫人戴淑婉伯母的细心关照。他说，一次吃饭时，翦伯伯发现他头发长了，马上关心地问他，身上没钱了吧？说完即刻将钱递给他，要他吃完饭去理发。这既是长兄般的又是同志式的真情，一直藏在我父亲的心底！

当我父亲在北京知道侯伯伯已出院在家休养，便让我分别打电话给侯伯伯和白寿彝，他们三位相约在侯伯伯的四合院客厅中聚会，见面十分高兴，所谈的还是有关史学的问题。当他们谈兴正浓之时，侯伯伯的女儿为他们三人留下了最后一张照片。

侯伯伯在其自传中写道："重庆时代，我提出封建社会进步思想家代表庶族地主利益。这个观点遭到不少人反对，但是在遭反对同时，支持者的队伍中开始聚集，他们中间有杜老（指杜国庠）、杨荣国、赵纪彬、陈家康……这就奠定了我们后来长期合作的认识基础。"

他还写道："杨荣国与我，已经有十五年以上的友谊。我们在先秦思想、封建土地国有、封建社会发展阶段划分等方面，认识都比较一致……"

从他们的往来中，我感到老前辈们友谊的真挚、诚恳，对待学术问题的严谨、认真。也使我意识到父辈们的研究成果是一股看不见的力量，它能引导人民用历史唯物主义观点辩证地认识我国丰富的历史文化，能提高人民的素质，能鼓起人民战胜强敌的信心和斗志。当年日寇横行、山河破碎，他们不图富贵安逸，不顾一切艰难险阻，选择了文化抗敌的道路，走到了一起来；他们相互支持，相互鼓励，取长补短，共同成长壮大。今天，共和国的光辉成就有他们的一份业绩，他们晚年相聚有无限的共同回味，有万般相通的感慨，这怎么不使我感怀万分呢！

作者为杨荣国先生之女，曾任杨荣国助手，编有《杨荣国文集》《杨荣国教授学术论文选》等。

梁方仲：一代通才　命途多舛

叶显恩

图 1　梁方仲先生（1908—1970）

梁方仲师出身于仕宦书香世家，出生地为北京。1911 年底随父回归故里广州。其父为他命名嘉官，号方仲，显然期望他智圆行方，赓续仕宦家业。

他自幼受家学熏陶，奠下深厚的国学根基，擅长文章诗词。既受传统文化的浸染，又受"五四运动"新思想、新文化的激荡，身处新旧思想缝隙间。

以他的家庭背景，走官宦道路当是轻车熟路，也是先辈所期待的。但他一出生，科举已经废除，做官也是他所轻蔑的，不屑为之。未来之路，究竟在何方？

以农为本，"陶"冶学术

方仲师自做抉择，自选方向，走自己的路。年少时即拒用"嘉官"之名，坚持以号"方仲"行世，显示其具有叛逆的性格。他抵制家庭只读"四书五经"与古文、不准入洋学堂的旧规，坚决北上求学，以求新知。

1922年五六月间，他回到出生地北京，先上汇文小学三年级，继而跳级进萃文中学，后又转入北京崇实中学，皆系教会学校。"五四"以来，国内反对帝国主义的浪潮汹涌澎湃。1925年，由于美国长老会主办的崇实中学校长（美国人）动手打学生，引发师生愤怒，他毅然放弃在该校的学籍，转入天津南开中学，以示抗议。

1926年9月，方仲师以高中一年级的学历考入清华大学农学系。他认为中国自古"以农立国"，沧桑世变，皆与"农"有关，入清华选农学系，源自于此。后因农学系被取消，转到经济系，也是为了研究农业经济，以实现其夙愿。入清华研究院后，选定"明代田赋史"为研究论文题目，更应与此相关。

中国的根本问题是农村、农业和农民，即所谓"三农"问题，时至今日依然有待妥善解决，而中国的国民经济长期以来基本上也是农业经济。方仲师终身的学术研究志趣，正是着眼于农业经济，围绕着"三农"问题而展开。

他所着力探究的田赋、户籍、人口等课题，以及由此而牵涉的银矿、白银、驿运、番薯的输入、预备仓、食货志研究、土地制度与利用等问题，无不直指"三农"，旨在以此为基础构建中国社会经济史。他对社会经济史的研究，应当说是潜心矢志，从未动摇，耗费了毕生的精力而无恨无悔。

刚步入学术界的方仲师，是一位满腔热情、富有朝气的青年学者。他攻读的是经济史，服务的单位是北平社会调查所，后并入"中央研究院"社会科学研究所。这两家机构皆由陶孟和（1887—1960）担任所长。陶氏是"中国最早的专业社会学家"，是中国社会学主要创始人。方仲师是陶氏门徒，一直为陶氏所赏识，且得其悉心培养，寄意"成璧"，这是方仲师将经济学和社会学结合之始。

方仲师一生的学术实践，都致力于社会经济史学的创建、拓展。20世纪30年代前中期，他撰写的一系列著作，如《明代鱼鳞图册考》《一条鞭法》《明代黄册考》等，为中国社会经济史起到开拓性和奠基性的作用，赢得国内外学术界的赞誉，被称为"明代社会经济史专家"。

扎根本土，放眼两洋

为了推进这一学科的研究，方仲师与志同道合的吴晗、汤象龙、罗尔纲、谷霁光、夏鼐、朱庆永、刘隽、罗玉东和孙毓棠等发起"史学研究会"，于1934年5月2日在北京宣布成立。尔后，张荫麟、杨绍震、吴铎、李埏、缪鸾和等先后加入。他们后来都是学术界某一方面的杰出专家。

"史学研究会"提出三大主张：一、"整个民族"为主体的"社会变迁史"；二、先有"专门的研究，才有产生完整历史的可能"；三、注重史料搜集，"没有大量资料，是不可能写出好的历史的"。这些

图2 1934年，梁方仲（左二）与谷霁光（左三）、罗尔纲（左四）、汤象龙（右一）、吴晗（右三）等在北京成立里史学研究会

主张在当时是振聋发聩的声音，今天看来依然是我们所追求的目标。

1944年9月，方仲师应聘前往美国哈佛大学作为期两年的研究。1946年9月转往伦敦大学政治经济学院。当时，哈佛的阿歇尔教授和伦敦大学的托尼教授（1880—1962）都是负有盛名的经济学家。阿歇尔是生产力（生产技术）决定论者，而托尼则相信经济的发展是历史变迁的主要动力。

与这两位学者接触、切磋学术后，方仲师对阿歇尔的理论并不欣赏，而对托尼的许多观点，或有认同或相近。托尼是他在伦敦大学学术研究的指导者，方仲师自认受托尼"启发不少"。

托尼是费边学社（编按：20世纪初英国一个工人社会主义派别，其传统重在务实的社会建设，倡导建立互助互爱的社会服务）的创始人之一。他的《16世纪的土地问题》《宗教与资本主义的兴起》及《乡绅的兴起》等都是社会经济史的名著。托尼研究的不是纯粹的经济史，而是经济、社会和文化的交叉史，这正是方仲师与其见解近似之处。

方仲师重视历史文献的搜集、整理和考辨，视历史资料为历史学的生命，并务求其完备。除正史、官书、政书、文集外，注重搜罗散佚于民间的文书、档案、文物、契约、碑刻等。他 1934 年入中研院社会科学研究所之后，就积极参与清代档案的发掘整理。这批档案，嘉惠学林，许多学者，如汤象龙、罗玉东、刘隽、吴铎、李文治、彭泽益等，都据此选定课题，并取得丰硕成果。

为了掌握更多史料，方仲师总是趁在海外考察、研究之便，尽量利用时间到各国的图书馆去广为搜寻。他在日本，曾到宫内省图书寮、上野图书馆、东洋文库、金泽文库、静嘉堂文库、前田氏尊经阁等处，查阅和抄录公、私藏罕见之明代方志、文集以及其他有关资料。他的《明代一条鞭法年表》一文参考的书籍，就逾千种，其中多罕见版本。资料的翔实和丰富，是方仲师著作的一个重要特色，一直为学界称许。

实地调查是社会学的重要研究手段，历来为陶孟和所注重。加盟陶氏主政的社会科学研究所后，方仲师对此不仅认同，而且亲身历练。1935 年，他就同朱炳南、严仁赓到浙江兰溪县、安徽当涂县进行土地陈报的调查；1936 年又与严仁赓往江苏、河南、陕西做地方财政的调查；1939 年 7 月，受陶孟和之命，往四川、陕西、甘肃等省调查农村经济，前后历时八个多月，并重点访问了延安。

鼎足三作，"世界权威"

诚如罗尔纲先生（太平天国史专家）所说，方仲师是一位"专攻经济学,而博学多能"的"通人"。但他的博是为了专,由博而返约。他博古通今,国学功底深厚,擅诗词;他学贯中西,在清华大学、哈佛大学、伦敦政治经济学院研究期间,受过西方经济学、历史学、社会学等学科的训练。他眼界高远,视野广阔,主张学术研究应从大处着眼,小处着手,局部的研究,应当观照整体。

方仲师著作宏富,他逝世后,他一生最后 20 年所任教的中山大学历史系,在 20 世纪 80 年代初即派专人搜集整理遗著,2008 年,中华书局又推出《梁方仲文集》,是迄今收录方仲师著作最完整的一部文集。我认为《一条鞭法》《明代粮长制度》和《中国历代户口、田地、田赋统计》三部,可称为方仲师的代表作,也堪为中国社会经济史学的丰碑。

《一条鞭法》一文,早在 1936 年即发表于《中国近代经济史研究集刊》(中央研究院社会科学研究所主办),很快引起国内外历史学界的巨大反响。次年,被译成日文在日本《历史学研究》杂志连载。1945 年美国太平洋关系学会特约请王毓铨先生(1910—2002 年,当时在哥伦比亚大学攻读研究生,1950 年回国就职于北京历史博物馆,后曾任中国明史学会会长等职)对该文进行英文草译。1956 年美国哈佛大学东亚研究中心将《一条鞭法》和《释一条鞭法》(1944年发表)两文合并英译,并经哈佛大学杨联陞教授(1914—1990 年,1937 年毕业于清华大学经济系,1940 年赴美留学,获哈佛大学博士学位,有海外"汉学界第一人"之誉)校正,作为《哈佛东亚丛刊》第一辑印行。

费正清教授为英译本写的"序言"中,高度评价了这一著作历史材料搜集的卓识、分析材料的精细,以及由此得出的结论的透彻

图3 梁方仲先生在工作中

明确。指出"这篇专著是论及明朝后期赋税和劳役系统改换为以银折纳制度迄今最深入的研究，它对于近代中国货币经济发展的任何研究都有着奠基的作用"。在学术界，只要一提及"一条鞭法"的话题，大家自然地会联想起方仲师。

方仲师的最后一部巨著，是脱稿于1962年的《中国历代户口、土地、田赋统计》一书。此书上起西汉，下讫清末，首尾2000余年。对历代户口、土地、田赋分门别类，综合编辑，制成统计表格235份。全书近百万字，征引书目达325种，其中许多是大部头线装书，不下数千卷。据李文治先生回忆，这部巨著的图表，早在30年代已开始着手编制，40年代初在四川李庄时，也见到方仲师查阅古籍制表。

此书至1961年方脱稿，前后经历20多个春秋。交稿后很快印出清样，原计划1962年出版。后因各种周折，又遭遇"文革"10年浩劫，竟拖至 1980 年才得以问世。遗憾的是此书出版时，方仲师已是墓草久宿，永远看不到、听不到史学界对它的赞誉了。

此书一出，中国史研究的名家，如杨联陞、全汉昇、佐竹靖彦、傅筑夫、彭泽益、谷霁光等先生，都交口称赞。记得 1980 年，我作为一个青年学者出席由郑天挺先生主持的南开国际清史学术研讨会，聆听何炳棣教授作报告，在限定的 15 分钟内，他竟用了 7 分钟来称赞方仲师的学术，对此书尤其赞赏有加。当时我想：方仲师如果仍幸存并在场的话，一定会摘下眼镜，含有几分羞涩地笑道："过誉了，不敢当！不敢当！"

后来，何先生还满怀敬意地在他的《南宋至今土地数字的考释和评价》一文中，称方仲师为"明代赋役制度的世界权威"。

此生所憾，壮志未酬

方仲师的一生，可谓是为学术而生，为学术而死，是一位对学术执着追求、一丝不苟的儒雅学者。他识见太高，追求的目标自当远大。他本着先专题而后总体史的路径，逐步拓展其研究，以求最终建立其中国社会经济史学的体系。

1949 年后，先生苦心孤诣，夜以继日，力图在有生之年，完成自己的理想目标。经过三四十年代的四方求索和积累资料，五六十年代他的学术人生正当展开，可惜天妒英才，"文革"十年浩劫来临，"反动学术权威""为三反分子吴晗辩护"等罪名，横加于他头上，超负荷的压力和折磨，让方仲师患了不治之症（肝癌），竟带着未遂所愿的遗憾，于 1970 年 5 月 18 日，以不足 62 岁的学术英年匆匆离去！留下的是历史学界同仁的悲伤与叹息。

流年似水，方仲师撒手人间已经48个年头了，但他的音容笑貌，师生相处的情景，历历在目，宛然如昨。我经常想，方仲师数十年孜孜不倦、上下求索，其目的正是实现其理想的目标，写出鸿篇巨制的信史，如《中国田赋史》《中国经济史》等。如果没有十年浩劫，如果能给先生一个安静的环境，他怎会如此遽然离去！他的理想不是可以实现了吗？

（本文系作者为梁承邺所著《无悔是书生：父亲梁方仲实录》序言）

作者于1965年中山大学硕士研究生毕业，留校任教。1984年至广东省社会科学院历史研究所组建明清经济史研究室，任研究室主任、研究员。

蒲蛰龙：中国生物防治奠基人

麦淑萍

蒲蛰龙先生是我国著名的昆虫学家、中国科学院院士，中山大学教授、原副校长，中山大学生命科学学院首任院长。

从小立志，科学救国

蒲蛰龙先生辛亥年（1911）农历六月十九日出生于云南。他的父亲蒲春榆为清朝秀才，时任地方文职官员，母亲李贤是大家闺秀，婚后在家相夫教子。1925 年，蒲蛰龙随家人定居广州，同年秋考入私立执信学校读初中，时执信校址在观音山（今越秀山）脚。读书之余，蒲蛰龙喜欢沿着校旁的石板小径登山看那郁郁葱葱的花草树木和飞鸟蝴蝶，节假日也常常约上三五好友去郊游。年少的蒲蛰龙在乡间目睹农村贫穷落后、农民生活艰辛的状况，萌发了"科学救国"的宏愿。

图1 蒲蛰龙先生（1911—1997）

　　1928年秋，蒲蛰龙考进国立中山大学附属中学读高中和预科。1931年秋，由于预科毕业成绩优秀，蒲蛰龙直升国立中山大学，并选择了农学院的昆虫学科作为自己的主攻方向。他了解到，昆虫占动物总数的80%，我国的昆虫种类约有15万种，但已鉴定的只有2万种，而且93%以上都是外国人做鉴定分类的，我国搞昆虫分类的学者不足10人！蒲蛰龙迫切希望自己能尽快学多点昆虫知识，做昆虫王国的驾驭者。

　　大学四年，蒲蛰龙的课余时间大多用来认真阅读有关教材和国外参考资料，也喜欢到野外考察和做实验。广东各地有不少松林因

图 2　蒲蛰龙在中山大学农学院养虫棚饲养松毛虫

松毛虫为害，造成松树枯死。为此，蒲蛰龙亲自到松树林找来松毛虫在学校喂养，认真观察松毛虫的形态结构、生活规律和生命过程，摸索防治松毛虫的有效方法。大学毕业时，蒲蛰龙提交的论文《松毛虫形态、解剖、组织及生活史的研究》成为广东乃至全国首篇较全面论述和防治松毛虫理论依据的重要文献，他同时获得中山大学农学院颁发的"毕业论文奖"和"优秀成绩奖"。

　　1935 年，蒲蛰龙考上燕京大学研究院生物学部当著名昆虫分类学家胡经甫先生的研究生，在燕京的两年里，他刻苦攻读，学业有了长足的进步，论文相继在《北京博物》《岭南科学》等杂志上发表，在我国昆虫学牙甲科分类研究领域崭露头角，日后相继发现了30多个昆虫新种。1937年夏，蒲蛰龙完成了硕士毕业论文，但尚未答辩，就发生了震惊中外的"七七事变"，日寇的铁蹄踏进了北平，学校解散了。蒲蛰龙怀着惆怅的心情告别京城，回到广州国立中山大学农学院任教。

1938年10月，日军飞机大规模轰炸广州市区，国立中山大学奉命分批离开广州西迁。1939年3月1日，蒲蛰龙所在的农学院在云南澄江复课。祖国山河破碎，民族苦难深重，颠沛流离的生活没有泯灭蒲蛰龙"科学救国"的志向。他深入乡村林区，调查当地的农林资源及作物生长情况，并在这里开始了第一次用微生物细菌防治蔬菜害虫的试验，取得成功后向当地农民推广，写下的论文《云南

图3　1937年夏，燕京大学研究院14位同学在清华园合影。左一为蒲蛰龙

图 4　1949 年，蒲蛰龙在美国明尼苏达大学获得博士学位时与夫人利翠英合影

澄江白粉蝶幼虫细菌防治之初步试验》刊登在 1941 年第二期的《中山学报》上，成为我国最早公开发表的使用微生物防治害虫的文献资料。

1940 年 9 月，国立中山大学由云南澄江辗转迁到广东乐昌县坪石，农学院安排在与坪石交界的湖南省宜章县栗源堡。在粤北艰苦的办学环境里，作为畜牧系主任的蒲蛰龙坚守岗位，配合丁颖、张巨伯、邓植仪等历任院长积极开展教学科研和管理工作。1945 年 8 月 15 日，日本宣布无条件投降。抗战结束后，国立中山大学农学院迁回广州原校区。1946 年秋，蒲蛰龙再次踏上求学之路，到美国明尼苏达大学攻读博士学位，师从著名昆虫分类学家克拉伦斯·米克尔（Clarence E. Mickel）教授从事昆虫分类研究。

1949 年蒲蛰龙博士毕业后，学校和科研机构有意聘请他在美工作，但当他得知中华人民共和国已成立、广州即将解放的消息时，心中充满了激动与期待。1949 年 10 月，蒲蛰龙夫妇放弃美国的优渥生活，启程回广州国立中山大学农学院任教。

潜心科研，硕果累累

蒲蛰龙早年专注于昆虫分类研究，在水生昆虫分类研究方面造诣深厚，是我国昆虫牙甲总科、长须甲科的昆虫分类学的专家。中华人民共和国成立之初，国内尚未生产出农药，一些西方国家对我国实行经济封锁，禁运化学农药。面对农作物受病害虫肆虐减产而农民束手无策、国民经济和人民生活大受影响的严峻时刻，蒲蛰龙决定迎接新的挑战——把主要精力放在研究"以虫治虫"等生物防治病虫害领域。

20 世纪 50 年代初，蒲蛰龙开始研究利用赤眼蜂防治甘蔗螟虫试验。他带领学生陈守坚、邓德蔼和助手刘志诚，选用了 17 种鳞翅目昆虫卵作赤眼蜂寄主，试验结果表明，以松毛虫和蓖麻蚕卵为最优良寄生。利用大卵繁殖赤眼蜂防治甘蔗螟虫试验取得很大成功，这在国内外都是首创。1958 年，蒲蛰龙率先在广东顺德县建立了全国第一个赤眼蜂站，为全国各地培养了大批技术骨干，利用赤眼蜂防治农林作物害虫的办法先后被全国 10 多个省份学习推广。蒲蛰龙成为我国第一个有系统地研究赤眼蜂、推动科研成果在生产实践中广泛应用的科学家。

吹绵蚧壳虫和粉蚧壳虫均是柑橘和农林作物的主要害虫。1955

图5 1974年在大沙田间查虫。左起依次为李丽英、麦宝祥、庞义、蒲蛰龙、李少平、黄海秋

年，蒲蛰龙通过苏联农业部首次引进了这两种蚧壳虫的天敌——澳洲瓢虫和孟氏隐唇瓢虫，精心培育繁殖成功后广泛应用于防治橘桔、木豆、木麻黄及台湾相思树等植物上的害虫。澳洲瓢虫被移种至广西、浙江、江苏、四川等国内柑橘园和发生严重吹绵蚧壳虫灾的广东电白沿海岸线的木麻黄防风林，害虫得到了控制，取得了"一劳永逸"的效果。1973年，著名画家关山月前往电白海岸体验生活时，创作了国画《绿色长城》，传为佳话。

在20世纪60年代，蒲蛰龙针对岭南佳果荔枝受荔蝽危害问题，主持了利用平腹小蜂防治荔蝽的研究工作，在广州市郊的从化、增城、花县等荔枝园试验，收效显著；1969年冬，正在广东英德"五七干校"劳动的蒲蛰龙得知东莞的荔枝产区出现严重虫灾后直奔灾区，帮助东莞举办了 16 期"以虫治虫"培训班，并带领研究团队克服了重重困难，成功繁殖出大量平腹小蜂，在东莞的 12 个公社荔枝园放蜂治蟓，取得了很好的防治效果，让这个著名荔乡创下了前所未有的大丰收。1966 年至 1968 年，蒲蛰龙指导和带领年轻老师深入湖南湘西贫困山区指导柞蚕放养，打破了"柞蚕不能过长江"的神话，被湖南省科委通报表扬。20 世纪 70 年代，蒲蛰龙带领杨沛等教师改良传统治虫办法，在四会县黄田公社等柑橘园利用黄猄蚁防治柑橘害虫试验取得成功；与此同时，蒲蛰龙开展了对苏云金杆菌、白僵菌、昆虫病毒、昆虫类立克次氏体及昆虫疾病的理论和实践的研究。蒲蛰龙发现了松毛虫质型多角体病毒（CPV），在广东斗门县松林间开展防治松毛虫的试验取得了显著效果，该病毒成为防治松毛虫的重要手段。此外，蒲蛰龙还与研究团队承担了"七五"期间国家攻关项目——利用斜纹夜蛾核型多角体病毒（NPV）防治蔬菜害虫试验，该研究成果获 1992 年国家教委科技进步奖二等奖。20 世纪 80 年代，岭南地区的松树发生了严重的松突圆蚧虫害，蒲蛰龙提出的引进害虫天敌的建议被采纳，国家林业部门从日本冲绳、石垣岛引进花角蚜小蜂，繁殖成功后通过人工助迁扩散，在各松树林建立了种群，控制了松突圆蚧的危害。

蒲蛰龙常说："科学实验一定要和生产实际紧密联系，如果只关在实验室里搞科研，得出成果不投入实际生产应用，那只是纸上谈兵。这不是我们科学工作者要走的路。"1972 年夏，当他了解到广东省重要产粮区之一的四会县大沙公社水稻生产病虫害严重、粮食生产遭受严重损失的情况后，亲自挂帅，从 1973 年开始在被誉为

"虫窝"的24亩水稻田里开展"以发挥天敌效能为主的水稻害虫综合防治"研究试验，1975年扩大到全公社的6万亩水稻田。蒲蛰龙采取了"以菌治虫""以虫治虫""养鸭除虫"等一系列综合防治措施，解决了水稻生产中的主要病虫害问题。综合防治研究成果引起国内外同行的关注，1975年和1977年，美国害虫防治考察团和英国皇家学会害虫生物防治考察团分别前往四会县大沙公社考察，对蒲蛰龙开展综合防治水稻害虫的研究和做法给予了高度评价。联合国粮农组织出版的《水稻综合治虫指导》，称中国水稻害虫综防是"模范的水稻综合治虫的计划"予以推广。1978年，蒲蛰龙先生的水稻综合防治害虫研究成果荣获全国科学大会授予的"科学成果奖"，后被国家科委列为"八五"重点推广计划。蒲蛰龙在"以虫治虫""以菌治虫"的研究和应用方面，做了许多开拓性工作，成就了他在生物防

图6　1973年，蒲蛰龙（前排右四）与中青年教师、当地干部、技术人员在大沙公社田间考察

治领域的倡导者、开拓者和领军人的地位。

蒲蛰龙先生不仅专注于自身科学研究，还密切关注国际学科前沿发展动态，为发展我国生防科技事业开展了多项有前瞻性的科研工作。20 世纪 70 年代，他关注并着手开始利用计算机技术进行昆虫种群生态学研究；80 年代以来，他指导研究团队根据有害生物综合治理理念，运用计算机和网络信息技术研究，开发农作物重大病虫害及入侵生物的发生规律、风险评估、发生预警、防治决策和信息咨询系统，积极推动学科数字化建设和病理学研究，使我国在该领域的研究处于国际前沿水平。

创建学科，言传身教

蒲蛰龙 1949 年 11 月回国后，先后在国立中山大学、华南农学院、中山大学生物系和昆虫学研究所等单位从事教学和科研工作。1956 年 9 月，蒲蛰龙调任中山大学后，任昆虫学教研组主任。他认为，要开展昆虫学研究、发展昆虫学科和昆虫生态学，就必须有一支专门从事昆虫学研究的精良团队和仪器设备。为此，他不断努力开拓，倾注毕生精力发展和壮大昆虫学科研事业，先后创建了中国科学院中南昆虫研究所（广东省昆虫研究所前身）、中山大学昆虫生态实验室、昆虫研究室、昆虫学研究所、昆虫学研究国家重点实验室和中山大学生命科学学院，一步一个脚印把中山大学昆虫学科打造成为闻名于世的"五星级"（重点学科、博士点、博士后流动站、国内访问学者流动站和国家重点实验室）科研重镇，为推动我国生物防治事业和生态文明建设做出了重要贡献。

图7　1974年，蒲蛰龙为大学生讲解"以虫治虫"

　　蒲蛰龙先生不仅是一位享誉国际的科学家，还是一位德高望重的教育家。他学风正派，为人谦逊，奖掖后学，备受师生尊崇。他常说："当教师的，一定要设法让学生超越自己，否则，国家的科学技术就不可能向前发展。"半个多世纪以来，他满腔热情地把知识和爱心毫无保留地奉献给祖国的教育事业，呕心沥血，尽心尽力为国家培养了大批科技人才。在中山大学昆虫学研究所里，有一批学有所成的年轻科学家为蒲先生的爱国情怀和人格魅力所感召，大都甘愿放弃国外优越的生活和工作环境，回到他麾下工作。学生中有的成为中国科学院院士、大学校长，大都成为学科带头人，在不同的岗位上为国家的建设发展作出了积极的贡献。

　　蒲蛰龙先生重视青少年教育，他热心为《第二课堂》等刊物撰写科普文章，应邀到各大中小学校及少年宫讲课，为孩子们传播科学知识，弘扬科学精神。1990年，蒲蛰龙先生被选为广东省青少年科学基金会副董事长，荣获"广东省关心青少年科技教育工作者"称号。

科苑泰斗，风范永存

蒲蛰龙先生一生淡泊名利，躬耕科研，把自己的一切奉献给祖国和人民。在教学和科研工作之外，他还承担了大量的社会工作。1964年起，蒲蛰龙连续六届（第三至第八届）当选为全国人大代表，

图8 1992年在蒲蛰龙家中，蒲先生（中）正在对大家强调病毒杀虫剂科技攻关项目的意义。左为庞义博士，右为中国农业科学院生物防治研究所陈剑锋副研究员

图 9 1997 年 6 月，本文作者麦淑萍和蒲蛰龙先生

担任中国昆虫学会副理事长、广东省科学技术协会第二、三届主席、名誉主席，广东省昆虫学会第一届理事长、广东省生态学会首任理事长。1979 年 10 月，蒲蛰龙应美国国家科学院美中学术交流委员会邀请，赴美国明尼苏达大学等五所大学讲学，成为改革开放后我国政府派出的首批赴美讲学的十位著名学者之一。

蒲蛰龙先生的科学研究涉及昆虫学的各个方面，并在害虫生物防治研究领域科研成果丰硕。他先后在国内外学术刊物发表学术论文近两百篇，出版专著六部，研究成果多次获国家级、省部级的奖励。1980 年获得母校美国明尼苏达大学颁发的"明尼苏达大学优秀成就奖"，同年，蒲蛰龙先生当选为"中国科学院学部委员"（院士）。他被国家有关部门授予"新时期全国侨界十大新闻人物""全国高等学校先进科技工作者"。1992年，广东省委、省人民政府授予蒲蛰龙先生"广东省杰出贡献科学家""广东省南粤杰出教师"。

蒲蛰龙先生的一生始终与国家同呼吸、共命运，他关注社会，关注民生，认为有利于国家、有利于人民的科研工作，都尽最大的努力去做好。他重视人与自然的和谐共存，不主张以破坏环境为代价来消灭害虫，正确运用科学知识解决农林生产中的实际问题，成为我国乃至世界上运用生物环保最为成功的科学家之一。蒲蛰龙先生以民族复兴为使命的爱国情怀和科学报国的无私奉献精神赢得了人们的尊敬和爱戴，他为繁荣发展我国科学和教育事业所做出的杰出贡献将永远为世人缅怀和铭记。

作者曾任广东省人民政府参事室（文史研究馆）副主任（副馆长）兼《岭南文史》常务副社长，著有《蒲蛰龙传》等。

与梁钊韬先生的"交集"

田东江

一

春节过后有云南一游,先到了澄江。

抗战时期,母校中山大学曾经西迁澄江。城内的"层青阁"现已辟为"中山大学澄江办学纪念馆",到了澄江,势必要来此凭吊。意外的是,在纪念馆二楼墙壁上一张"中山大学历史系学子合影"中,发现了梁钊韬先生的身影! 1985 年我们入读人类学系时,担任系主任的正是梁先生。

论起辈分来,梁先生算我的师爷,我的硕士生导师杨鹤书先生是梁先生的硕士生。当时我对梁先生和人类学系的了解,靠的也都是前辈口耳相传。如停办 30 年之后,中山大学于 1981 年恢复设立人类学系,全赖梁先生的不懈呼吁和奔走。这也是新中国复办的首

图1 梁钊韬先生（1916—1987）

个人类学系。

与此同时，梁先生还创建了人类学博物馆。麻国庆师兄说过，中山大学人类学如今在全国人类学界的独有位置，是梁先生奠定的基础。信然。又如距今13万年的曲江马坝人的发现，梁先生功不可没。1958年，当地农民施工挖出若干化石，梁先生首先鉴定其为介于北京猿人和山顶洞人之间的"属于猿人或古人阶段的人类头骨化石"，当为我国古人类进化链条上的重要一环。

复办后的人类学系隔年招生，所以1985年入学的我们，是第三届本科生。那年中山大学在我来自的黑龙江省招收6名文科生，历史、中文、民族学各2名。彼时每个学校可报两个志愿，正在工厂当工人的我，根本不知民族学为何物，就选择了前两个。然而造化弄人，或者说"天注定"，偏偏录取的是没报的这个。

入学未几梁先生与新生见面，记忆中他面貌清癯，比说相声的马三立老先生胖不了多少。与我同班的太太清楚地记得，散会后梁先生与大家挨个握手寒暄，得知少数民族身份的同学，说的格外多一些。这与梁先生多年从事少数民族地区田野调查的经历不无关系吧。同学中有海南黎族、云南傈僳族，20世纪五六十年代，梁先生在海南五指山区和云南怒江一带都待过不短的时间，留下过深深的足迹。

但我从来不知，梁先生还有澄江的经历。见到我发的微信朋友

图 2　中山大学历史学系 1940 年毕业合影于澄江。后排左五为梁钊韬

圈，早年移民澳洲的李抱荣老师旋即发来信息，予以补充。李老师
说，1985 年他陪同梁先生到云南大学主持该校第一个博士论文答辩
会，"在昆明逗留了几天，梁先生曾经想去澄江中大校址看看，后
因接待单位没能派车，没有去成，十分遗憾"。还说"梁先生提到当
年他们是从河内先坐小火车再坐牛车去的，路途十分艰难"。李老师
在系任教时，教我们《中国考古学通论》，实习期间还一起去过西樵
山新石器时代石器制作场遗址，见识了残留至今的石器半成品。

　　对梁先生的了解不多，归根到底还是因为我们与他接触的时间
太短。梁先生于 1987 年 12 月 2 日在广州逝世，与我们的交集不到
两年半，其间还有一段时间他去访问美国。记得梁先生回国后向全
系师生讲了访美观感，没登台时坐在一旁抽烟，戴着礼帽，穿着风

图3 梁钊韬（左一）与贾兰坡（左二）、容庚（右二）、商承祚（右一）于中山大学合影

衣，旁边的室友并无不尊地与我耳语："梁先生好像是个特务。"那时国产电影里的特务形象，都是那身装扮。那也是我仅有的一次见到梁先生此种装扮，平时似以中山装居多。

幸运的是，我与梁先生产生过两次直接的"交集"，一次是在先生生前，另一次是在先生逝后。

二

应该是1987年的夏天吧，梁先生因病住进了广州美术学院对面的"河南医院"，那医院其实不是这名字，但大家都那么叫。推而论之，广州市区珠江南岸被当地人叫作"河南"之故吧，可能这是海珠区以前的唯一医院。上溯历史的话，这种叫法也许要绵延到东汉的杨孚，下渡路那里如今还有一口"杨孚井"。

梁先生住院之后，系里的教职工、研究生、本科生班干部轮流值班陪护。这在彼时任何单位都是一种非常正常的现象，社会分工还没有细化到今天这个程度，凡事讲究互助。有一天夜间轮到我，一名好友闻知，提出跟我做伴，把象棋带上，下他一个通宵。

梁先生是单人病房，面积很小，一张病床之外只能放张折叠床。先生很健谈，对不熟悉的本科生也不例外。那次谈话印象较深的，是他的潘姓助手滞留美国未归，大约还拿了绿卡。梁先生非常生气，说

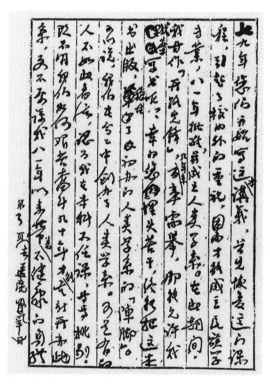

图4 梁钊韬写给弟子杨鹤书的信

一个中国人留在那里是要举手宣誓效忠人家的。这位潘姓助手编写的《西方人类学史》，当时是我们的手边教材，听师兄师姐说，此人既有风度也有水平，后者从教材中可以窥见一二。那么，梁先生之气恐怕有失望至极的成分。然而且不云人各有志，即彼时出国的诱惑也非常人所能抵挡，看看夏钢的电影《大撒把》就能明了一二了，妻子送行时在机场晕倒，丈夫可以将她托付给陌生人，照走不误。

到了该休息的时候，梁先生说，这里只有一张折叠床，你们两个怎么办？我说不要紧，我们两个在门口下象棋。梁先生听到，露出无比惊讶的神色。那个时候我和好友都非常喜欢下象棋，往往一边吃午饭一边还要来一盘。有个晚上他弄来一瓶"桂林三花酒"，我们在宿舍里一边喝一边下，没有下酒菜，就用筷子头蘸点儿辣椒酱抿一抿。

那天，我们两个真的在梁先生病房门口下棋下了一个通宵。

三

梁先生去世后，藏书拟捐人类学系资料室。经过 1981 级李长虹师姐的引荐，由我来负责整理藏书，登记造册。那是 1988 年寒假之前的事。

梁先生的家，位于马岗顶的"高利士屋"，岭南大学时代由美国医生高利士捐建，1913 年落成。中山大学前校长李嘉人、健在的夏书章老（2024 年 7 月去世——编者注）都曾在此楼居住。如果从大门进去的话，梁先生家是在二楼，整整一层；而如果从建筑外观上看，又是在三楼。

梁先生的书，放置比较散乱。除了几个大柜子相对集中，相当

图5 中山大学"高利士屋"侧影（梁钊韬故居）

一部分散落在不同的房间，不同的部位，首先要归结到一起。登记
造册，就是在一个专用本子上写下每一本书的书名、作者、出版社、
出版时间、定价。这些书主要分为三类：历史学、考古学、民族学。
都是普通的公开出版物，珍本善本一类没有见到。

　　比较新奇的是，我第一次看到原版的美国读者文摘和国家地理杂志，从若干没有拆封的杂志可以看出，那是大洋彼岸的编辑部直接寄给梁先生的。比较有价值的发现是从一堆乱纸中，找到了梁先生的不少手稿，其中有硕士毕业论文《中国古代巫术：宗教的起源和发展》。梁夫人邓泽民女士兴奋不已，梁先生生前以为早就遗失了。这部手稿在1999年由中山大学出版社正式出版。

这种整理，是一项相当繁杂的工作。邓老太太非常体贴，茶水从来齐备，还要经常喊到客厅去吃东西，水果、点心，或者煲好的汤。老太太出身于江西的一个大户人家，从小就会弹钢琴，那时又是中山大学夕阳红合唱团的团长，平时排练就在家里，加上老太太交际甚广，一天到晚客人不断，热闹得很。记得有次江静波教授来访，老太太开玩笑问："你的《师姐》是不是写的我呀？"江教授的小说《师姐》问世之际，轰动一时。犹如钱锺书先生的《围城》，虽无心插柳，然因影响甚大，使人们反倒忽略了他们的主业。实则江先生致力于疟原虫、球虫、钩虫、吸虫研究，主要建树在生物学领域。

梁家客厅里张挂着几幅名人字画，进门迎面正对的是秦咢生先生书李白《春夜洛城闻笛》，"谁家玉笛暗飞声"云云，行书，不是其常见的爨体，此外还有麦华三先生的，都有

图6 《中国古代巫术——宗教的起源和发展》，梁钊韬著，中山大学出版社，1999年

"梁钊韬教授嘱正"一类的题款。彼时这两位先生在广州大街上书写的店招甚多，记得北京路上的"广百"招牌，开始时就是秦先生所书的爨宝子，后来改成了宋徽宗的瘦金体，现在不知换了没有，换成了什么。

将梁先生的藏书全部整理完毕，大约花了一个月的时间。捐赠仪式就在人类学系所在的"马丁堂"进行，时任校长李岳生到场，致辞后颁发捐赠证书和一万元奖金，邓老太太随即将奖金捐给人类学系作为学生奖学金。弹指间，邓老太太也已经去世多年了。

从 1985 年到 1992 年，我在中山大学人类学系浸泡了七年时间。硕士毕业时，系主任黄淑娉教授（我国第一位人类学女博导）动员我留下任教，我担心误人子弟，最终选择了离开。我总觉得，未必直接从事所学专业才算是传承吧。

毛主席说过："精通的目的全在于应用。"我对人类学知识虽然远远谈不上精通，但做了许多应用的努力。在我迄今出版的三个系列三十二部作品中，每个系列都与人类学研究的文化密切相关。"潮白新闻时评精选"系列，第一册书名就是《讲"文化"的时代》，文化二字加上引号，是因为"文化搭台"的许多东西在我看来并不是真文化。"报人读史札记"系列文字，类编成"文化

图 7 《原始社会史讲义》，梁钊韬编，中山大学油印本，1956 年

四部曲"：传统中的文化特质、生活中的文化濡化、自然中的文化属性和社会中的文化肌理，其中文化特质与文化濡化完全是人类学的专有名词。"潮白观影记"系列文字，干脆运用的是文化比较视角，每部电影都当作民族志资料看待。

我想，倘若梁钊韬先生地下有知，应该感到慰藉吧。

（有删改）

作者1985年考入中山大学人类学系，曾任《南方日报》社社委、理论评论部主任、高级编辑，现任广东省文艺评论家协会主席。

105 岁的践 "行" 者

魏 晞

　　夏书章在 60 岁到 100 岁之间出了 44 本书。这个出生于 1919 年的老人，比 "五四" 运动还老三个半月。他 67 岁招第一批研究生，80 岁将 MPA（公共管理硕士）教育引进国内，86 岁招第一批博士生。他有相对有趣的人生履历：当过勤工俭学的夜校老师、留洋渡船的锅炉工、上海的排字工、乡下的英语教师、上海考区的高考状元、哈佛研究生、"公共管理学" 专业第一个回国的海归学子。他还是改革开放后第一个呼吁恢复行政学的学术泰斗，新中国公共管理学科的奠基人。他主编了改革开放后中国第一本《行政管理学》的教科书并获奖。他为建立中国行政管理学会、办《中国行政管理》杂志奔走呼号。他所专长的行政学曾因国家教育学科调整一度中断，但他始终在为行政学 "行动" 着，即便过了 100 岁也精力不减。他解释，行政学的 "行"，指的是切实可行、势在必行、身体力行、令

图 1 夏书章先生（1919—2024）

行禁止、行之有效。夏书章常说："行政学最重要是行动，不是坐而论道。"他用一生在践行"行"字。

一

从少年时期，夏书章就开始思考"大问题"。他看到"上医医国"的古话，选择大学专业时，舍弃当时最流行的理工科和经济学科，选择了中央大学的政治学系。他回忆，那时他天真地认为，中国被日本侵略，是因为国家没被管理好：他看不惯当时国民党政府官员爱当"官老爷"，做事拖拖拉拉，民众要办一件事得等待很久；官员系统极度腐败，物价飞涨，有时百姓拿一捆钱去市场，也买不回一斤猪肉。

去美国哈佛大学肯尼迪政治学院读 MPA 时，他时刻关注国内抗战的动态。他一拿到哈佛硕士学位就启程回国，在当时，中国极其

图2 夏书章高中时期于南京

缺少行政学的专业人才。他28岁受聘成为中山大学最年轻的教授，被戏称是"娃娃教授"，带着学生组成市政考察团，去当时的民政、教育、社工、公用事业各个部门考察、发现问题，再搜集各种行政案例讲给学生听。1979年，邓小平在一次讲话中说，"政治学、法学、社会学以及世界政治的研究，我们过去多年忽视了，现在也需要赶快补课"。夏书章从新闻里听到了这个消息，十分振奋。1982年，他在《人民日报》上发表文章《把行政学的研究提上日程是时候了》，他写道：在许多人心目中，行政工作是一些事务性工作，是"万金油"式工种，并没什么学问，这实在是一种误解。他发现当时

图3 26岁的夏书章于康桥

政府许多部门百废待兴，急需一批懂得科学管理的人才。20世纪80年代，在大大小小的会议上，他作为专业学者出席，重申行政管理学的必要性，"人事管理工作不是万金油，而是特效药"。1982年，全国政治学讲习班在复旦大学举办，夏书章主讲行政学，培训了几十名教师，后来，这批教师成为各高校的行政学教学骨干。中山大学的行政学筹备会议，是在夏书章家的客厅开的。当时参与筹备会的陈瑞莲回忆，她原先在哲学系教书，对行政管理感兴趣，以青年教师的身份参与筹备，学校只给了行政学专业两层楼，连桌椅板凳都没有，老师们只好通过办干部培训班等创收方式解决当时的经费困难。在外出讲课时，陈瑞莲明显感觉到，当时公务员系统对行政学知识的渴求。她的公务员学生，最常提的问题是：办事程序不规范，怎么恢复？政府机构设置要设哪些机构？政府该干什么不该干什么？领导怎么管理？如何制定规范的政策？这些都是相当基础的行政学知识。蓬勃的教学需求，让夏书章成了"工作狂"。20世纪八九十年代，夏书章给中共中央组织部中层以上干部讲过市政管理；在全国市长研究班上讲领导干部的方式方法、提高行政效率；结合省情给各省政府的公务员讲行政管理。不仅他的学生，连他的儿女也讶异，在

图 4 2008 年 3 月 6 日，夏书章夫妇金婚纪念照

改革开放之后，年过花甲的夏书章爆发出罕见的生命力。他的论著和教材，涵盖高等教育管理、行政管理、市政管理、人事管理、城市管理、公共管理、知识管理、孙子兵法与现代管理、三国智谋与现代管理、香港行政管理、新加坡行政管理等。

二

"行政学不能空谈政治，要多实践。"夏书章经常强调实践的重要性。陈杭是夏书章招收的第一届研究生之一，"他要求学生在理论上多思考，有系统性，更重要的是，理论要和实践结合，要在实践里学真功夫"。夏书章还推荐陈杭去天津市河西区等政府部门实习，随后陈杭到杭州、东莞、韶关等市政府实习。毕业后，她去省政府工作，后来当江门市副市长近 10 年，将夏书章所教的知识用于行政管理一线工作。在实践过程中，夏书章总提醒学生，不能生搬硬套外国的行政学理论，要结合国情去实践。他在呼吁恢复行政学专业时就提出，要建立有中国特色的行政管理和行政学。他和《中国行政管理》杂志的编辑聊天，也提醒对方，选用文章时要注意理论联系实践，突出中国的特色。

他去新加坡考察访问，发现新加坡市政管理做得很好，就把新加坡的市政措施、政策写成书。学生王书素回忆，大约在 1992 年，夏书章给中大本科生上"新加坡（市）行政管理"的课程，一边讲最新的案例、访学观察，一边强调，"要学为中用"。澳门即将回归时，想要实现"澳人治澳"，需要培养一批中高级公务员。中山大学在澳门招了 40 多个公务员，夏书章的"市政管理"课程很受学生欢迎。陈瑞莲回忆，夏书章会说粤语、英语，案例生动，后来，这群学

图5 2006 年 12 月，夏书章课后与学生合影

图6 2010 年 9 月 10 日，夏书章参加政务学院新生见面会

生成为澳门特区政府的骨干。他的关注点一直顺着时代发展而变化，他喜欢给让政府头疼的行政难题找解法。20 世纪八九十年代，他就提出城市规划的思路："城市规划要有预见性和综合性，要科学地预测，解决近期建设的实际问题，要为远期发展留有空间。""如今回过头看，他的一些思考领先了时代几十年。"广东外语外贸大学社会与公共管理学院教授邵任薇举例，市政工程建设经常先盖房、再修路、再修下水道，马路因为电缆通信下水管道的铺设屡次开挖，被民众戏称"拉链马路"，这是因为前期规划缺少预见性和综合考虑。他的解法创新又超前。20 世纪 90 年代，夏书章在《市政学引论》提过一个创新的构想：旧城区改造的资金来源可以采用公众集资的方式，不完全依赖财政拨款。村集体作为改造主体，让原产权人自筹。2007年，广州第一例村集体自主改造的旧城（村）改造项目猎德村启动。

邵任薇回忆，当时，夏书章鼓励她以城中村改造为博士论文选题。夏书章启发她："城市更新是城市衰败地区持续繁荣的手段，是城市发展的必然产物，关键在如何改，要从实际出发，因地制宜。"等到她完成初稿，夏书章的建议提得很细：这种筹资模式的优越性在哪？和其他模式相比有什么好处？有没有和城中村村民访谈过？他们怎么想？愿意改造吗？改造有什么阻力？"多打磨、不怕改，要冲刺更高的论文质量。"他的很多预言成为现实。早在旧城改造没有提上政府议程前，夏书章就提过，城市规划要保护好城市文化遗产、传统风貌和地方特色，重视旧城历史风貌保护。"我已垂垂老矣，仍想只要一息尚存，就应当为开展城市科学研究工作敲敲边鼓，以贾余勇，以助声威。"在1986年出版的《市政管理八议》中，他如此自白。

三

在个人生活上，夏书章也是行胜于言。熟悉夏书章的人都知道，他严格守时。他的手表总是拨快5分钟，上课比大多数学生早到教室，和人约出门，他总是提前10分钟在楼下等候。陈瑞莲记得，有一次广州刮大风、下大雨，年纪最大的夏书章为了提前赶到会议室，全身都湿透了。有一次，他应邀出席一个典礼，领导迟到了。他撂下一句"不像话"，直接离开，秘书只好追在后面请他留步。"他说话做事很直接。"陈杭说，"小切口，大视野。"有一次，他受邀到某市政府作讲座，发现接待室的钟停了，直接提醒道："没有了时间观念，行政管理和工作效率要打问号！"大女儿夏纪梅说，父亲走路快、说话快、干事快，95岁那会儿，父亲走路比年轻人还快，为赶时间还

图7　2020年10月，哲学系老师为哲学系复办60年庆到夏书章先生家中拜访

会抄近路。夏书章从读书时就关注行政效率，在1982年就提过机构改革首要是政府职能转变，通过机构改革、精简人员，能带动工作方法、程序、作风、领导干部思想观念的转变。"机构改革要治本。新中国成立后，我们在治本方面下功夫不够，平常机构经常失控，没有一个强有力的常设机构加强机构管理，往往一到问题严重，就搞精简运动。"他的小女儿夏纪慧在北京当公务员。有一次聊天，夏书章问："你们处有多少人？"得知人数后，他回复道："要那么多人干什么？效率低！"夏书章的4个孩子都没有读行政学专业，他也拒绝给儿女提供任何便利。他的大儿子夏纪真回忆，上寄宿中学时，因为行李重，提过想搭夏书章的公车回家，被夏书章训了一顿："我的待遇是国家给我的，不是给你们做子女的，你们要靠自己去努力奋斗。"后来，

夏纪真成为航天航空工业的无损检测专家。1992 年，国务院授予夏书章和夏纪真有突出贡献专家称号，并向他们发放政府特殊津贴。夏纪真回家兴奋地说："我们是同一批专家里唯一父子。"但他又被夏书章训了一顿："不要骄傲！""我是自己闯出来的，你们也要靠自己去打拼。"夏纪梅回忆父亲反复训导的话。夏书章的生活极其简朴：穿着 10 块钱的鞋去哈佛学堂讲课，从美国讲学回国可以带国家规定的"免税八大件家用电器"，但他两手空空回家。他的书桌和木凳子从 20 世纪 60 年代用到今天。他把信封和信纸两面用。给大女儿 70 岁的生日祝诗，他写在当月撕下来的日历纸背后。

四

十几年前，有媒体问夏书章，公务员报考竞争激烈，怎么看？他说，应该更多人去做实业，但那么多人愿意考公务员，能提高公务员队伍的素质。如今，公务员考试热度不减。中青报·中青网记者又问起同一问题。他回答："其中许多人捧着一个饭碗混日子，想当官老爷，很可惜，很遗憾。"夏书章说，如果基层公务员只听上面领导的话去执行政策，不理解政策，那么政策会走样；同样，学生学行政学，不能只学皮毛，要深入基层，书斋里写不出好文章。

夏书章在自传里写道，在家人的劝说下，满 70 岁他就不再骑自行车，满 80 岁开始谢绝国际活动，满 90 岁不再出省。他曾写打油诗自我调侃：常言中年万事休，七十老翁复何求？我今已满九十整，只知"充电"与"加油"。2015 年，和他有相同雅趣和学科背景的夫人汪淑钧去世了。世界上最懂他的人，又少了一个。儿女承担起

图 8 甲午年（2014）除夕夜全家合影。前排左起依次为夏纪慧、夏书章、汪淑钧、夏纪梅，后排左起依次为夏纪康、夏纪真

他最近 10 年的饮食起居，才亲身感受到夏书章的节俭。小女儿说，夏书章的书桌到处是小纸条——他总把纸张空白的部分裁剪下来，随时记录他看到的事。他脸上和双手几乎没有老年斑，声音也洪亮，在客厅能相对自如地行走。和他沟通得用硬纸板卷成圆筒，对着他的耳朵喊。耳朵不灵了，但脑子还在活跃着。他每天坚持看新闻，睡梦中还哼着京剧《空城计》的调子。行政学英文专业名词，他信手拈来。来访者来自天南地北，他还能讲几句对方的家乡话。大女儿夏纪梅回忆，夏书章 90 岁到 100 岁那 10 年还能写能侃，思维活跃，但近几年稍有退步。他在《中国行政管理》杂志上写《夏老漫谈》专栏，从 82 岁写到 104 岁，记录他对公共管理和时事的随笔思考。昔日那个意气风发的"娃娃教授"，如今熬成了中大最年长的教

图9 2021年夏书章先生获得全国第一批"光荣在党50年"纪念章。长女夏纪梅在父亲书房为他庆贺留影

授。从2024年开始，他睡觉的时间越来越长，每天要睡十几个小时，这是他积攒精力的方式之一。"睡觉是他对衰老无声的抗议。"夏纪梅说，"只要听说有人来访，他高兴得早早就起床等待着。受限于身体条件，他的社会活动、学术论坛参加得少了，但他的脑子仍很清醒，仍然希望有更多的'行动'。"有学生担心，夏书章太老了，不敢打扰。反而是儿女们统一口径："他不怕麻烦，你们随时来。"

（有删改）

作者为《中国青年报》、中国新闻网记者。

知人论世　脱俗求真

——蔡鸿生教授的潮州文化研究

陈春声

　　潮州历史文化研究（或称"潮学"）不是蔡鸿生教授主要的学术领域，但如他自己所言，"身为潮籍学者，被韩江水哺育长大，就该领域的研究，即便不从事，也得关注，这是义不容辞的。"正是因为对潮汕故乡的这种情怀，蔡老师自觉不自觉地关注潮州历史文化课题，相关论著眼界宽广，功力深厚，探赜发覆，对后起者富于启迪意义。

　　蔡鸿生教授癸酉年（1933）农历四月十七日出生于汕头市，其故里是澄海县下蓬区（今汕头市龙湖区外砂街道）大衙村。他在《尼姑谭》一书"引言"讲道："儿时依母，爱跟妈妈上外婆家。沿堤而行，走近村口，榕树荫下有座破败的庵堂……"记录了孩童时代的故乡记忆。大衙渡口附近的云水庵至今犹存。

　　1939 年 6 月，日军占领汕头，潮汕沿海陆续沦陷，蔡老师随任

图1 蔡鸿生先生（1933—2021）

职于饶平县政府的父亲，迁居地处内陆山区的饶平三饶镇，在当地有名的琴峰小学和饶平一中读书。就是在战时的流亡生活中，由于父亲的督责，他开始接触学习中国传统文史。七十余年后，蔡鸿生教授在《藏六居学记》中这样回忆这段难忘的经历：

> 孩提时代，正值八年抗战（现为十四年抗战——编者按），随父母过流亡生活。后来栖身于一座山城，总算远离战火，并有机会念小学了。父亲于谋生之余，忽发雅兴，想起教儿子读古文、练书法的事来。从此，我放学回家就不得安宁，除临颜真卿帖外，还要背韩愈的《祭十二郎文》《告鳄鱼文》等等。这类旧式的家庭作业，旨在驯化儿童的野性，虽不能说从此给我种了"唐"根，但确实有些潜在的影响。后来听人提起"汉唐"或"唐宋"，总觉得唐宗比宋祖或汉帝更亲近一些。（蔡鸿生《蔡

鸿生史学文编》"自序——藏六居学记"）

蔡老师的父亲毕业于上海暨南大学，曾在汕头同济中学当老师，这样严格要求的"家庭作业"应该是能够"初见成效"的。2004年3月，笔者与刘志伟陪蔡老师回潮汕考察五天，行迹包括汕头市区、澄海、南澳、饶平、潮州等地，也有机会重访三饶，见到当年房东家的一对儿女，时年八十八岁的姐姐陆秋月和八十一岁的弟弟陆长茂都还记得少年蔡鸿生的字写得很好，在当地很有名。

抗战胜利之后举家回到汕头，1946年9月蔡老师进入汕头海滨中学（1950年改称"华侨中学"）读书，1951年7月中学毕业，即到汕头职工业余学校任教。1953年9月，二十岁的蔡鸿生离开故乡，考入中山大学历史系继续求学，是当时中山大学第一届五年制本科生。

图2 蔡鸿生在永和街寻访儿时住所

图 3 蔡鸿生在汕头市老妈官考察

　　1958年蔡老师在中山大学历史系毕业，因成绩优异而留系任教。次年即在《中山大学学报》发表影响深远的《十九世纪后期东南亚的"猪仔"华工》一文。这篇两万多字的长文，大量引用笔记、文集、民歌、外交文书和东南亚当地文献，系统描述了东南亚"猪仔"贸易的历史背景、贸易机构及其活动、各"咕哩埠"的华工生活状况、"猪仔"华工的反抗斗争等方面情况。令人感兴趣的是，潮汕成为文章讨论"猪仔"贸易情形的重点地区，作者利用《韩江记》《马来亚潮侨通鉴》《潮歌》《清季外交史料》和潮汕地方志的丰富记载，揭示了咸丰到光绪年间汕头"猪仔馆"开设的情形，以及潮籍工人出洋的经过和在东南亚各地劳作、生活的具体情况。该文可以说是蔡老师关注潮汕历史文化问题最早的研究作品，资料丰富，内容翔实，识见系统深刻。引人注目的还有，文中较大篇幅引用潮汕民歌《心慌慌》和林大川《韩江记》中的"搭蟧歌"，描述潮汕"猪仔"劳工出洋的过程及其在南洋的心境，包括潮汕民众出海劳作而被强掳出洋当"咕哩"的故事，是以民间文书和口述资料进行潮汕地方历史研究的较早范例。重视民间资料（包括唱本、俗曲）的利用，是蔡老师史料运用的特点之一，一直到几十年后出版《尼姑谭》，其中也利用了大量从唐代到清代的说唱材料，包括潮州方言歌《人咂尼姑怎有仔》。

以后数十年间，蔡鸿生教授长期从事中外关系史的教学和研究，在唐代蕃胡的历史与文化、俄罗斯馆与中俄关系、佛教文化史、广州口岸与西洋文明等学术领域辛勤耕耘，贡献卓著。而对家乡历史文化问题的思考与研究，也始终是蔡老师学术关怀中不时呈现的一条线索。

1991年，蔡鸿生教授发表《清代苏州的潮州商人——苏州清碑〈潮州会馆记〉释证及推论》（《韩山师专学报》1991年第1期）一文。其时蔡老师兼任广州高校潮汕文化促进会会长，这是他有关潮州历史文化研究的第一篇专论。该文利用乾隆四十九年（1784）"潮郡众商"在苏州潮州会馆树立的《潮州会馆记》，包括碑铭所附《潮州会馆祭业十八项》及其"后序"和"后跋"，讨论了清代苏州

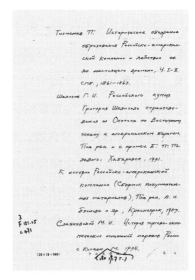

图4 蔡鸿生致伍跃信函，请其于北京图书馆代寻俄文书籍

潮州会馆的地理位置与建筑格局、内部管理制度与领导人物、潮州商人参与乾隆南巡两次迎驾盛典的情形，潮州会馆的财产及其宗教活动。特别是在"推论"部分，从园林、灯谜、茶具、语词等诸多文化元素，指出"染上吴俗的潮商，很可能成为苏州文化向潮州地区传播的媒介"，"只求对潮州文化中何以吴俗特多的现象提供一种可能的解释"。在这一论文中，蔡鸿生教授一如既往地展现了在地域文化研究领域具有方法论意义的开阔眼界：

> 至于潮州文化本身，除继承前代遗产外，还有一个吸收外地文化例如苏州文化之类的问题。当今，区域研究方兴未艾，前景喜人。可以预期：历史整体性的认识，必将突破偏于一隅的观察，走向新的高度。

20世纪90年代初，由于饶宗颐教授等前辈学者的大力提倡和推动，也由于改革开放后潮汕地区经济社会的迅速变化，以及海外潮人对家乡历史文化研究的关注与支持，汕头大学与汕头市分别组建以潮汕历史文化为对象的研究中心，成立国际性的"潮学"团体，出版研究丛书和学术刊物，举办系列学术会议，以"潮学"为文化符号的潮汕历史文化研究出现了新的局面。1992年，汕头大学潮汕文化研究中心主任兼汕头市潮汕历史文化研究中心副主任杜经国教授到广州拜访蔡鸿生教授，商讨组织中青年研究力量，以共同推动"潮学"发展，并为即将创刊的《潮学研究》组稿。以后近10年间，杜经国教授几乎每年都要来中大看望蔡鸿生老师，讨论有关"潮学"研究的学术问题与其他具体事宜。而杜教授每次来穗，蔡老师都会召集我们这些潮籍文史学子和广州地区各大学、研究机构从事相关工作的同行一起参与聚会，讨论问题并接受具体任务。实际上，我们同辈的多位同行能走上与"潮学"有关的区域历史文化研究学术道路，与蔡鸿生教授、杜经国教授等前辈学者循循善诱、因势利导的指引是分不开的。

1994 年，在《潮学研究》创刊号上，蔡鸿生教授发表了对认识潮汕历史文化特质，开展地域社会历史研究具有指导意义的《关于"海滨邹鲁"的反思》一文。从宋代开始，"海滨邹鲁"一直是潮州人津津乐道的对本地历史文化的赞词，在这篇文章里，蔡老师指出，在用"海滨邹鲁"之类的词语概括一个地方的文化特质时，不但要考察其精英文化，更重要的是要关注民间文化。他提出了潮汕文化研究一系列引人入胜的课题，如可以从语言、戏曲这些非物质文化事项，或从桥梁、房屋之类的物质文化事项，去探寻闽潮文化的因缘；对作为"海滨邹鲁"对立面的海盗和海商，应该从民间生计和历史文化传统的角度，给予更多的注意；对潮汕地方丰富而独特的宗教文化现象，更有众多课题应做更加深入的研究；而对于民间的种种"陋习"，研究者也不能熟视无睹。蔡鸿生教授作为一个受过专业学术训练的历史学家，再三强调："任何文化都有自己的负担，'海滨邹鲁'并不意味着一片光明。"他指出，文化研究应该脚踏实地，从专题做起，要鄙弃那些哗众取宠的"高空作业"，告诫后起的研究者：

> 文化研究的难点，不在"文"，而在"化"。文化的矛盾性和模糊性，往往使人如坠云里雾中，要抓精神实质，谈何容易。

在这种情况下，如果没有专题研究的支撑，勉强作出"甲、乙、丙、丁"的概括，表面上顺理成章，其实无异"蜃楼海市"，是未必于事有补的。多一点实学，少一点游词吧。

这种充满辩证法思想的实事求是的专业态度，是蔡鸿生教授学术精神难得的本质特征之一。例如，他在讲到"海上丝绸之路"时，也念念不忘地强调要尽量避免"粉饰和虚构"，应该回到实际的历史场景上去："某些趋时文章描述的南海道是牧歌式的，好像两千年来那里都在平静、顺利地运送丝绸，这是一种粉饰和虚构。所谓南海道，是一条商道；所谓丝绸之路，也是一条商路，是做生意，不是找朋友。"（蔡鸿生《南海交通史研究若干问题浅探》，《海交史研究》2001 年第 1 期）

也是在 1994 年，蔡鸿生教授在研究宗教文化史多年积累的基础上，于《中山大学学报》发表了《岭南三尼与清初政局》一文，结合明清之际广东地区"征服与复国"的历史背景，讨论了明朝周王之女尼日曜、天然和尚之妹尼来机（俗名今再）和平南王尚可喜之女尼自悟（民间称"王姑姑"）遁入空门的经过和生平际遇。其第二部分"望云庵里的流亡郡主"，描述尼日曜在父亲于广州殉难之后，追随南明礼部尚书、饶平人黄锦的夫人皈依佛门，在潮州府城望云庵祝发为尼的故事。望云庵因郡主在此出家而被民间俗称为"王姑庵"，从此成为潮州一处胜迹。林大川、丘逢甲等知名文人对此事多有记述，"王姑"故事在民间也流传出许多不同的版本。而蔡老师撰写此文的核心，旨在通过王朝交替历史背景下几位家世不凡的出家女子的经历，说明"天崩地裂"之际岭南的社会环境与政局变迁，

图5 蔡鸿生先生在中山大学历史学系陈寅恪像前。摄于 2018 年 11 月

从而赋宗教史以政治史的意义：

按其社会意义来说，明清之际的遗民尼姑，是不能与一般遁世者等量齐观的。在她们身上，体现着家国之痛和兴亡之感。日曜、今再和自悟，尽管各有一格，但都是 17 世纪政治风云的产物："胜朝遗老半为僧，短发萧萧百感增。谁识天家留佚女，比丘尼派衍南能。"丘逢甲为潮州王姑庵而发的这段感慨，可说是异代同悲，给岭南三尼的历史形象，注入了一股庄严的气息。

2001 年，蔡鸿生教授应约为陈泽弘先生《潮州文化概说》作序，落笔之时自然而然地提到"一缕乡情"引致的牵挂："我虽生为潮人，但少即离潮，从求学到寄寓于白云珠海，已经将近半个世纪了。

在自己身上，尽管潮味越来越薄，但对乡亲父老的感念，却久久未能忘怀。"尽管如此，他仍然指出必须辩证地看待"海滨邹鲁"之类的概括性语词："像其他的区域文化一样，潮汕文化也是一个矛盾性的历史实体。'海滨邹鲁'的简明公式，并不能概括它的全貌。"强调要"超越传统的单一性观念，敢于正视儒雅与强悍并存的客观事实，于弦歌中听到战鼓，进而揭示文化心态的二重性。"2005 年答《广州潮讯》编者的采访时，他更加系统地提出了潮学研究任重而道远的学术目标：

> 自从老前辈饶宗颐先生倡导潮学研究以来，该领域所取得的成绩是有目共睹的。方志的整理，潮剧、潮语、潮俗，还有潮州文化史、民族史、移民史以及海外潮人等等的研究，都纷纷结出硕果。如何进一步把潮学研究从地方性的学术研究与全国性以至国际性的学术研究接轨，看来是今后摆在我们面前的任务。（《蔡鸿生教授精彩语录》，《广州潮讯》2005 年第 1 期）

蔡鸿生教授一贯主张从事地方历史文化研究要注重文献解读，指出"文化研究如果不以文献解读为依据，往往容易产生主观随意性，徒有体系化的外观，缺乏实质性的论证，未必于事有补"。（蔡鸿生《文献解读与文化研究》，《广东社会科学》2004 年第 5 期）在其潮州历史文化研究中，一个难得的范例，就是关于唐代潮州与"昆仑奴"关系的讨论。在前辈学者工作的基础上，蔡老师较早关注唐宋时代"昆仑奴"的历史，2000 年就发表了有影响的《唐宋佛书中的昆仑奴》一文。2004 年 3 月，他应邀为韩山师范学院潮学研究所做学术演讲，题为"唐代潮州鳄鱼滩上的昆仑奴"。在这次较充分体现蔡老师渊博学识与深厚功力、炉火纯青的讲座中，蔡鸿生老师先以《岭表录异》关于李德裕被贬潮州，路过鳄鱼滩的一段往事，说明唐代已有"昆仑奴"到过潮州地方，这可能是潮州地方最早有外国人的记录。接着以宋代《太平广记》和《唐语林》为旁证，力求证明《岭表录异》的记载应该不是"孤证"。然后旁征博引地以唐宋笔记、诗文、传奇、小说的资料，描述昆仑奴的族属、形貌和技能，进而阐述研究这个课题的学术意义。最后，再以"读和思"为题，与听讲的同学讨论地方历史文化研究的理论与方法。讲座以小见大，环环递进，丝丝入扣，呈现了"读史求识"的境界与魅力。在 2014年发表的《岭南昆仑奴遗事》（《学术研究》2014 年第 4 期）中，蔡老师以"潮州鳄鱼滩上的昆仑奴"作为该文的一节，辑录了十年前这次演讲的主要内容。季羡林先生曾对蔡鸿生老师的学术风格有如下评价：

> 鸿生先生的学风是非常严谨的。他使用资料必求其完备翔实，论证方法必求其周密无隙。他涉猎极博，中国古代典籍，固无论矣，西方学人研究所得，他也决不放过。居今日而谈学问，必须中西兼通，古今融会，始能有所创获，有所前进……蔡先生在这方面是殚精竭虑，精益求精的。他之所以能多有创获，其原因就在这里。（季羡林《〈唐代九姓胡与突厥文化〉序》，蔡鸿生《唐代九姓胡与突厥文化》）

细读蔡老师关于唐代潮州与昆仑奴关系的阐述，对季先生以上

图6 2011年，蔡鸿生于广东汕头（江滢河摄影）

的看法，自然又多了一分理解。

2015年，家乡澄海中学建校百年，编有《百年澄中》一书，请蔡鸿生教授作序。八十二岁高龄的蔡老师欣然应允，耄耋老人下笔依然"潇洒流利，生动鲜明"，也依旧对故里和年轻一代充满了温情：

> 我虽籍隶澄海，但未能与澄中结下学缘，实为憾事。承命撰序，不敢说不。只好在校门外遥致敬仰之意，战战兢兢地略撰序言，为澄中校庆助兴，并祝其后续的"百年"更加辉煌。

在中山大学历史系的讲堂上，蔡鸿生教授一再强调："历史学最重要的功能就是知人论世。"在潮汕历史文化研究领域，他是不折不扣达到这一目标的。蔡老师还讲到，陈寅恪先生讲"士之读书治学，盖将以脱心志于俗谛之桎梏，真理因得以发扬"，要是"将这二十五个字浓缩，就是陈寅恪主张的'脱俗求真'四字"，"那个简直就是'系训'啊"（蔡鸿生《关于知、识、文的联系与区别》）。回想起来，蔡鸿生老师一辈读书治学恪行的也正是这样的标准。所以，窃以为将"知人论世，脱俗求真"八字，作为这篇简短的纪念文字的题目，可能还是合适的。

"身为潮籍学者，被韩江水哺育长大，就该领域的研究，即便不从事，也得关注，这是义不容辞的。"正是因为对潮汕故乡的这种情怀，蔡鸿生教授自觉不自觉地关注潮州历史文化课题，相关论著眼界宽广，功力深厚，探赜发覆，对后起者富于启迪意义。

作者 1982 年毕业于中山大学历史系。曾任中山大学党委书记，现为中山大学历史学系教授。

历史语言研究所在广州史实述论

李怀顺

目前，我国学术界对 20 世纪 20 年代国立中央研究院历史语言研究所（以下简称"史语所"）以及傅斯年的研究已经取得很大成绩。学界公认史语所在广州的那段时间属于筹备和创立时期，或称为初建时期。然而学者们在有关史语所暂居广州的史实分析方面尚显薄弱，本文依据《傅斯年全集》《傅斯年遗札》等资料对此作一管窥。文章的目的是拾遗补阙，并向同人请教。

一、创设史语所

（一）历史机遇和广州的有利条件

北洋政府时期，社会动荡不安。北京也不能幸免，几度遭受军阀混战的冲击。由于高校欠薪太久，许多学者生活难以为继，

影合員職教所究研史歷言語學大山中州廣
The Philology Club of the National Sun Yat-sen University, Canton

图1 中山大学语言历史研究所教员合影（1928年《良友杂志》）

被迫另谋出路。"三一八"惨案发生后，部分文化界、教育界人士遭通缉、被枪杀，更是人心惶惶、风声鹤唳。恰在此时，中山大学正招纳人才，积极邀请国内名家前来任职，北方学者闻风而至。聚集在广州的学者可分为两类：一是南下学者。朱家骅、杨振声等从北京到中山大学，朱家骅还实际主持校务工作；鲁迅、顾颉刚等从北京到厦门再转到广州。二是未能北上的学者，如傅斯年担任教授、文科学长兼史学系和国文系主任。他们年富力强，有的声名显赫，有的初露锋芒，提高了中山大学的声望，为学校发展储备了师资力量。

在广东，上述学者主要从事教学和研究工作，还担任一些行政职务。他们将各自的学术专长和治学方法带到这里，就地生根、开花和结果，而后成为语史所（国立第一中山大学语言历史学研究所）和史语所最初的班底。1927年夏秋，傅斯年、顾颉刚筹办语史所，次年1月成立。傅斯年兼任主任，着手确定研究领域，规划人员的聘用以及购置必要的图书，出版《国立第一中山大学语言历史学研

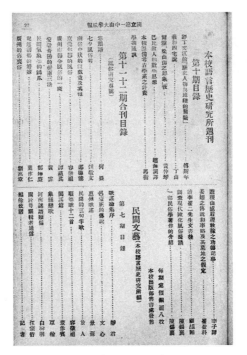

图 2　1928 年 1 月《语史所周刊》目录

究所周刊》《民间文艺》等刊物。语史所开始了最初的工作，也积累了经验和教训。

（二）傅斯年的筹划

在中山大学有利的环境下，语史所有声有色地发展着。但是，傅斯年显然不满足于现状，因为他的视野更加广阔。1927 年 7 月，国民政府决定成立中央研究院（以下简称为"中研院"）。1928 年初，中研院筹备委员傅斯年急匆匆地赶往上海，极力向蔡元培陈述历史学、语言学的重要性，力争设立历史语言研究所。傅斯年的主张显然在很大程度上影响了蔡元培。3 月，中山大学院聘请"在广州的三人"傅斯年、顾颉刚、杨振声担任常务筹备员。蔡元培信任并支持傅斯年，不干预具体事务；顾颉刚、杨振声参与筹建事宜不多，史语所主要是按照傅斯年的设想筹建的。傅斯年精明强干，工作推进很快。

1928 年 4 月，史语所筹备处在中山大学成立。傅斯年的想法是"借用在广州之语言历史学研究所已成就及将建设者，以成中央研究院之语言历史学研究所"（王汎森：《傅斯年遗札》（第一卷），北京：社会科学文献出版社，2014 年，第 84 页），"至于中山大学同人，参与此事之筹备，及在中大之研究所有贡献者，亦当择聘若干人为研究员"（欧阳哲生：《傅斯年全集》（第七卷），长沙：湖南教育出版社，2003 年，第 60 页）。在他列出的史语所拟聘研究员名单中就有语史所十二人，包括顾颉刚、丁山等，占据了相当大的比例。6 月 9 日，"国立中央研究院"在上海成立，共有八个研究机构，其中包含史语所。蔡元培指出，历史学、语言学是与人类"最有密切关系的科学"，"我们把这两种科学，合设研究所，觉得是很便利的"（高平叔：《蔡元培全集》（第五卷），北京：中华书局，1988 年，第 279—280 页）。

在中研院的预设机构中，傅斯年"无中生有"地争创史语所，其意义重大、影响深远。1928 年 9 月，他出任中研院所务秘书、代行所长职务。1929 年 1 月中央研究院聘任傅斯年为代理所长，1929 年 6 月聘其为所长。同时，他为避开"狡兔二窟"的嫌疑，辞去中山大学所兼职务，以史语所为大本营建设"科学的东方学之正统"。1928 年 10 月 22 日史语所成立，所址设在广州东山恤孤院街三十五号柏园。柏园一带地势较高、环境幽雅，属于高级住宅区，社会治安良好，生活设施完备，中山大学许多教授居住于此，文化气息比较浓厚。

二、史语所的早期规划

（一）确定内部机构、选聘研究人员

史语所筹建之初即贯彻了傅斯年的史学思想，并且按照他的规划逐步推进。《历史语言研究所工作之旨趣》的价值和重要性自不待言，欧阳哲生准确地认定它为"就职宣言""治所大纲"。傅斯年根据"研究所之要求及同人之祈向"，计划两年内设立九组，即历史五组、语言四组。随后公布的《国立中央研究院历史语言研究所章程》规定暂设八组。在具体实施过程中，史料、汉语、考古、敦煌材料研究组的设置比较稳定，主任的聘任比较顺利，文籍考订、民间文艺、汉字、人类学及民物学四组则经历了许多波折。

针对研究人员的聘任，傅斯年坚持"拔尖主义"，"一体收罗此两科之学者，使国内名贤在此范围者无有遗漏，亦无滥举"（王汎森：《傅斯年遗札》（第一卷），第93页）。1928年5月，他向蔡元培、杨铨汇报了拟聘研究员名单：第一类包括蔡元培、胡适、陈寅恪、赵元任、史禄国等十九人；第二类是中山大学语史所的十二人；第三类是伯希和、米勒、珂罗倔伦三人，因为"外国人之助力断不可少"。8月底到9月初，傅斯年对聘任人员进行了调整：拟聘研究员经过增删定为二十五位；在职务上一时难以认定者有董作宾、商承祚等五位，傅斯年主张他们的职位应当高于助理员而低于研究员；

米勒、伯希和、珂罗倔伦任职不变（外国通信员）。

广州时期的史语所具有以下特征：1.所址设在广东，不容易集中各地人才，因此将研究员分为专任、兼任和特约三类。他们的职责不同，待遇也有很大差距。2.根据研究方向和机构设置聘任人员，也因人员状况而调整内部机构，所聘研究员的身份变动比较频繁。例如，专任研究员有傅斯年、陈寅恪、李济、赵元任等；蔡元培、胡适、顾颉刚、刘半农等从兼任改为特约研究员；丁山从特约改为专任研究员；史禄国从兼任改为专任研究员。3.因地制宜、因人而异，大胆录用优秀人才。另外设立编辑员、通信员等岗位，尽可能提供便利条件，发挥各自特长。4.工资报酬的发放多采用"按每件工作之分量定其补助费用"，即"包工制"，"以利工作之速进，以省事务之剧繁"（王汎森：《傅斯年遗札》（第一卷），第93页）。在初创时期，各组的设立、人员选聘都处在频繁变动的状态，具有明显的过渡性质。

（二）为何将"语言"与"历史"颠倒

"语言"与"历史"在创建者心目中，本来无先无后。但为什么将前后顺序做了颠倒？本文在此列出几条资料，试做分析。《国立第一中山大学语言历史学研究所周刊》发刊词篇幅不长，无论是出于顾颉刚还是傅斯年之手，还是两人合作写成，都与《旨趣》表达的学术宗旨相近或相同。史语所与语史所在宗旨、建制、人员组成和研究范围上有很明显的连续性。虽然史语所对于语史所不可能完全继承，但两者的亲缘关系是显而易见的。李济回忆说："在此以前，他在中山大学办了一个语言历史研究所，现在他要在中央研究院办一个历史语言研究所，名称倒过来了，这有他的道理。"（王富仁：

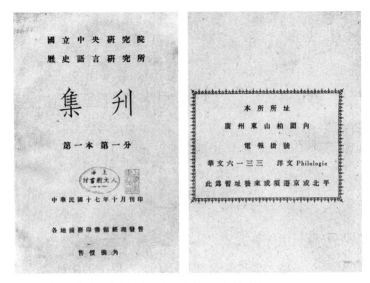

图 3 《国立中央研究院历史语言研究所集刊》创刊号

《谔谔之士：名人笔下的傅斯年、傅斯年笔下的名人》，上海：东方
出版中心，1999 年，第 146 页）至于具体是什么道理，目前见不到
更多的资料。朱家骅认为："名称上把历史两字改列语言之先，历史
语言同列合称，是他根据德国洪保尔德一派学者的理论，经过详细
的考虑而决定的。"（聊城师范学院历史系：《傅斯年》，济南：山
东人民出版社，1991 年，第 295 页）董作宾认定创办语史所的方针
"毫无疑义的是和他后来办史语所的方针相同"，"工作范围可以说
完全一样"，"孟真先生办中山大学的语言历史学研究所，乃是他办
中央研究院历史语言研究所的前奏曲，语言历史，历史语言，倒之
颠之，有何差别？"（王富仁：《谔谔之士：名人笔下的傅斯年、傅
斯年笔下的名人》，第 69 页）

　　傅斯年认为语言学和历史学都十分重要且关系密切，所以将两

者并列于一所，原本没有轻重缓急或先后之别。在筹建史语所时，他一开始也有"中央研究院语言历史研究所"的表述。后来他逐渐将"语言"与"历史"加以颠倒，并且迁入柏园新址，或许是为了除旧布新，表明新机构与中山大学语史所有了区别。

三、撤离广州，迁往北平

（一）谋划迁址始于筹备阶段

历史语言研究所是在特殊历史条件下筹建起来的。随着北伐成功，国民政府的势力从南方转向全国，南京、上海、北平的地位日益突出。而史语所的目标是面向全国、争雄世界，决不甘心局限于一隅。相比之下，广州的地理位置不很优越，图书资料又不丰富，史语所自然不适合继续留在岭南，必须到更加适合的地方发展壮大。

由于历史的机缘，广州一时间人才济济，催生了语史所和史语所。然而，学者们南下或是迫于生计，或是求生避难，都属于暂时的选择。大多数学者认定史语所不能长期留在广州，顾颉刚的经历就很有代表性。他离开广州，考虑了许多因素，诸如书籍不够参考、房价太贵和不适应南方气候等，"最好北伐成功，中央研究院的语言历史研究所搬到北京"（杜正胜、王汎森：《新学术之路：中央研究院历史语言研究所七十周年纪念文集》，台北：历史语言研究所印行，1998年，第20页）。傅斯年对此心知肚明，看得出顾颉刚、杨振声等在中山大学只是权宜之计，"均不觉广州之可久居"。其实，傅斯年本人也没有长期在广州安营扎寨的打算，以他的做事风格也不会

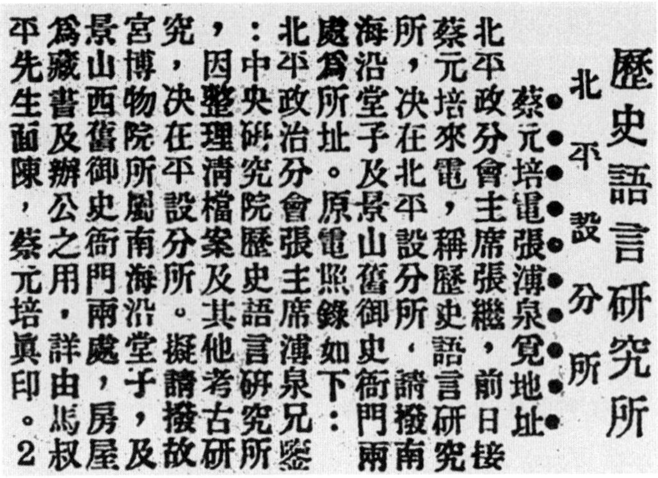

歷史語言研究所 北平設分所

蔡元培電張溥泉覓地址

北平政分會主席張繼，前日接蔡元培來電，稱歷史語言研究所決在北平設分所，以原電照錄如下：所為所址及原電照錄如下：北平中央研究院歷史語言研究所會主席張溥泉兄鑒：因整理清檔案及其他考古研究，決在平設分所。擬請撥故宮博物院所屬南海沿堂子房屋及景山西舊御史衙門兩處房屋，為藏書及辦公之用，詳由馬叔平先生面陳，蔡元培真印。2

图4　1929年1月15日《京报》载历史语言研究所北迁前的准备

久居岭南。

（二）傅斯年的决断

在筹备时期，傅斯年就考虑了所址的选择。史语所如若离开广州，有两个理想的去处：一是首都南京，二是古都北平。1928年6月，中央研究院第一次院务会议决定将院址、所址集中于"京沪平三地"。但事实上，在南京、上海选定办公场地的工作进展缓慢，往往暂时租用某一地方作为临时场所。蔡元培有意将史语所迁到南京，为此致函傅斯年，"希望史语研究所即迁首都"。不过，蔡元培在《国立中央研究院工作报告》中又提到"将来永久所址拟在首都或北平"。究竟要到哪里落户？蔡元培举棋不定。傅斯年当然不反对迁往南京，但在具体实施中遭遇了许多困难。蔡元培在工作报告中的犹豫，其实也反映了傅斯年的纠结。在两难之下，傅斯年果断地做出决定，力主迁往北平。

与其他城市相比，北平有许多优势，因而成为史语所新的落脚点和归宿。第一，北平的城市基础设施比较完善，数代古都的地位造就了浓厚的学术气氛。傅斯年对北平情有独钟："'北平为中国文化中心'一说，是非且不论，北平之有学术空气，他处无之，乃是实在。"（王汎森：《傅斯年遗札》（第一卷），第410页）抗日战争时期，在《战后建都问题》一文中傅斯年甚至论证中国最宜在北平建都，可见北平在他心目中的重要性。第二，"历史语言研究所之发达，须比较的接近材料。在语言学上，广州、北平各有其优势；在历史学上，则以北平为最便"（欧阳哲生：《傅斯年全集》（第六卷），长沙：湖南教育出版社，2003年，第16—17页）。安阳有殷墟、北平有明清档案，而且北平拥有众多的图书馆，这是无可争议的优势。第三，至1929年初，史语所已在北平设立分所以便迅速、全面地整理明清档案，"分所分量，竟有超过本所之势"。语言组也在北平筹设了语音实验室。第四，"研究所之业，必在学者聚集环境闲适之所。就此一点，亦以设于北平为便"。而实际情况又是"自史料组工作必在北平之后，约聘诸君，多在北平"（欧阳哲生：《傅斯年全集》（第六卷），第16—17页）。第五，自北方辗转南下的学者或求学或任职，与北平多有渊源，他们也倾向于迁往北平。

　　于是，成立不到半年的史语所着手搬家。至1929年6月，除少量地方性的工作仍然留在广州，其余全部迁往北海静心斋。所址移到北平得到了有关人员的广泛赞同，董作宾说："北平为数百年之故都，人文荟萃，学术环境，最为优良。本所工作，除人类学、方言、考古，须赴各地调查采掘外，购置图书、搜集史料及室内研究，均以北平为便。"（董作宾：《董作宾先生全集·乙编（第五册）》，台北：艺文

印书馆，1977 年，第 145 页）史语所搬迁完毕以后，随即调整内部
机构，"作根本之改组，以冀事半功倍"（欧阳哲生：《傅斯年全集》
（第六卷），第 16—17 页），由原来的八组变为历史、语言和考古三
组。此次合并是以学科、专业为原则，使得史语所似乎回到了《旨趣》
的设想；当然，把考古组单列出来，突出了考古学的地位。

（三）史语所在南方的工作经受削弱

史语所创建之初，由于两广附近"方言及人类民俗学两项材料"
十分丰富，许多研究工作开展得相当出色。傅斯年曾经设想"北伐
定功，破虏收京之后，这研究所的所在或者一部分在广州一部分在
北京"（欧阳哲生：《傅斯年全集》（第三卷），长沙：湖南教育出版
社，2003 年，第 10 页）。正如学界熟知的那样，1929 年 5 月以前，
史语所的重点工作除去购置图书仪器、延聘人才以外，尚有试掘安

图5 1929 年历史语言研究所全体同仁合影

阳小屯、云南人类学知识调查、泉州采集文献、川边民物学调查和整理明清档案。然而迁往北平后，史语所的侧重点发生了转移。虽然调查、整理"两广方言"和"广东人体之测量及研究"等仍在进行，但所占比重大为下降，仅为全部工作的五分之一左右。以广阔的南方作为研究对象或领域，其地位不比从前，原先的许多工作没有继续推进。

在历史语言研究所筹建过程中，傅斯年个人的作用十分突出。岭南地区在当时并没有很多可以依仗的客观因素，因而不能泛泛而谈"开风气之先"。朱家骅在谈到傅斯年与史语所时认为，"历史语言研究所自从十七年（指1928年）春筹备之初，就由他负责主持的。当时，他在广州中山大学任文学院院长兼史语系主任，他在系内本来已办有语言历史研究所，所以为便利起见，就在广州筹备"（聊城师范学院历史系：《傅斯年》，第295页）。此看法是准确的、中肯的。

作者毕业于北京大学历史系，肇庆学院旅游与历史文化学院教授。

对中山大学校园建筑的文化解读

冯 原

1924 年，孙先生首创广东大学（中山大学的前身）。学校之成
立，并没有为之新建的校园，而是选址于广州文明路原国立高等师
范学校的校园，如此一来，这就使得中山大学的校园建筑可以追溯
到清朝末年。1904 年到 1907 年之间，两广总督岑春煊选址于广东贡
院的旧址上新建两广速成师范馆，继而改为两广优级师范学堂。中
山大学校园史的第一阶段中的代表性建筑——钟楼就诞生于此时。

把钟楼放在历史的脉络中来观察，我们应该看到，此时发生
了一个表里两个层面的重要变化，从"里"的内核来说，是以新
式师范来取代科举，这一教育上的变革，决定了在"表"的层面
上的选择——表征教育变革的校园建设和建筑风格。这一表里关
系的选择，既可以看成是一种建筑样式（表）与观念（里）的匹
配关系，同时也告诉我们，是二者的相互关系产生了建筑风格的

图1 文明路大钟楼旧照

意义，离开了相应的理念内核，建筑的外观风格不可能单独表达意义，反之亦然。

回到 20 世纪初期，社会改革可以简化为向前（进步）还是向后（落后）这两个选项。在教育上，可能是新学与旧学的选择，落实到建筑风格上，就是一个中与西（洋）的选择了。如何为新式的师范馆选择表里合一的建筑样式呢？岑春煊给出的答案，便是推倒旧式的贡院，用"新式"的洋风建筑来表征新式教育的形象和功能。这等于是采纳了一个向前——其实就是西化的选择。这一选择同时也揭示了建筑的时代背景——那正是一个以西方—现代的"新"来全面替换固有传统的"旧"。以师范馆取代贡院，就是以新学对于旧学的取代；是以新式教育对于旧式科举制的取代。所以，选择钟楼建筑为代表的表征符号体系，实际上正是这一新与旧、传统文化与西方文化的替换关系的一种对称性反映。

岑春煊时代建设的钟楼建筑群，表达了中国近代化过程中的第一次主动的历史性选择。应该说，是新式教育的理念选择了与之相匹配的建筑风格。岑春煊在前进还是后退这两个选项中选择了前进项，于是，中山大学校园的第一时期——文明路和中山路时期的建筑，就成为那一时代的社会转型的证据和标志。把社会转型和建筑选择放到一起来看，岑春煊做出的前进选项，就要比如何设计一座仿西洋古典样式的建筑更为重要。从建筑历史和跨文化传播的角度来判断，钟楼以及相关建筑群并不具备特殊的地位和意义。由谭胜设计，落成于1916年的红楼（原中山医学院办公楼）和图书馆楼（北校区内）也一样，虽然它们都具有雅致精美的风格，但是在跨文化的语境中，原属于西方的古典主义或哥特式风格被移植进中国，就不再具有文化原产地的符号约定，其表意性也会因此而遭到改写。

大钟楼等洋风建筑虽然可以达成20世纪初表征现代中国教育的形象使命，但是它仍然只是西方古典样式的"舶来品"而已。我们不妨把这种建筑风格的选择看成是"制服效应"——如同用新式制服来表征新式军队的性质一样，弃旧变新，就是用洋风建筑来替代被推倒的旧式贡院建筑。放在20世纪初期中国的文化语境之中，这些建筑样式以"制服效应"表达了其功能与定位，简单来说，就是"以他为我"。至于这些"制服"是来自模仿还是来自原创并不太重要，重要的是主体的观念决定了"制服"的选择。也正因为这种"制服效应"并不需要建筑学上的探索与创新，因此，与大多数近代中国的仿洋建筑很相似的，站在今天的立场来观看这些历史建筑，其历史价值就要大大胜于它在建筑理念上的价值。

近现代中国的建筑之路可分为两条，第一条路可谓之西方古典——其外来的、经典的建筑形象表征了中国人所理解的现代性。若是从外来文化的符号认知角度进行概括，这一西方古典的风格类型可称为"神庙原型"——它包括了圆形穹顶、尖顶、钟楼、巴洛克山花、柱廊等一系列的古典建筑符号，清末民初，大部分民间的"现代建筑"都以模仿西方古典样式为时尚；第二条路可谓之为中国固有式，在走向现代的过程中，传统文化并没有完全被切断命脉，在重建文化自尊心的目标下，传统再度返回，并在新的形势下重新演化和变异。表现在建筑样式上，20世纪以前由传统社会划分出来的官式－民间建筑两分体系，转移到了中国—西方的文化对抗框架之后，以官式－皇家建筑为代表的样式就跃升为表征民族样式的符号体系——这就是所谓的"皇家变民族"，原因在于，由于要与西方的"神庙原型"对立，那么，维持文化自尊的选择就只能选择来自传统官式－皇家建筑的"宫殿原型"。

但是，由于现代的技术进步和功用的需求，共同决定了传统的宫殿建筑并不可能原封不动地照搬进现代社会之中，于是，着手对中国固有式的宫殿建筑的符号体系进行分析、改良和重组，以做到既能够保留其中国传统建筑的恢宏气象；又能够满足现代的建造技术和功能需求，这一双重性的目标，经过了近两代建筑师之手，逐步形成了在20世纪中国建筑中影响最为深远的"折中主义"风格。把这种风格放在文化研究的语境中，我们也可以把它称为"民族－新古典样式"。在风格的类型学上，它对应19世纪西方最有影响力的新古典主义。

上述的情况实际上解释了岑春煊 1907 年为什么做出西化选择（以大钟楼为代表），到了 20 世纪 20 年代之后，起码在表征国家形象，以及在重要的教育、文化建筑风格上逐步被放弃的原因所在。在 1920—1930 年，新兴的民族国家需要在构建上仍有自尊感的建筑形象，这一诉求决定了必须放弃外来的"神庙原型"，转而用传统的"宫殿原型"取而代之。中国的第一代现代建筑师（他们大多学成于欧美）的任务，就在于如何利用中国自己的传统古典建筑的词汇，在现代的背景下，重新再造出一种装饰的、庄重而华丽的民族建筑样式，简单而言，就是把旧古典－"宫殿原型"改造成民族－新古典样式。其中，落成于 1933 年的国立中山大学石牌校区的建筑群，就是这一时期在该领域中的代表作之一。

从建筑样式与文化态度的关系入眼，关于建筑上的民族－新古典样式的探索，在建筑师这一极，是要以宫殿建筑为原型，去拆解、重组和混合传统官式建筑的符号体系，以达到新文化态度所认可的标准。由此带来的解决方法，通常会创造出一种传统－现代相结合的三段式建筑样式：第一，建筑的主体，一般从功能出发而获得现代建筑的平面布局，在平面上呈方形、长方形或工字形等；第二，从最具有视觉表现力的建筑立面来看，首先是屋顶样式——通常挪用传统皇家建筑的庑殿顶，或歇山顶，如此，现代式的建筑躯体上安放传统的琉璃瓦大屋顶，如同戴上帽子，屋顶的样式成为表征"宫殿原型"的主要符号载体；第三，在现代式建筑的主体立面上，在主要的门楼、台阶与正立面上附加装饰符号，一般以选择传统装饰符号为主，或使用传统和西洋装饰的混合式，这些装饰形式的使用

图2 石牌校区理学院院楼旧照、新景

相对较自由，其偏传统或偏西洋的符号比例，通常会影响我们对建筑风格的审美判断。

参加过中山大学石牌校区建设的建筑师群体中，重要的有杨锡宗、林克明、胡德元、郑校之、关以周、方棣棠等，他们都对石牌

图3　石牌校区农学院院楼，具有明显的中式建筑特色

校区的建筑风格与审美倾向做出了不同贡献。在他们之中，林克明先生和杨锡宗先生因为与广州近代建筑设计的密切关系，显得更为重要，在近现代建筑史上，其个人的贡献又以林克明先生较为显著。林氏的设计手法，在"华工红楼"上面都能看到，比如，传统中式建筑的承重构件，如斗拱、横梁与红柱，全部被适度地转译为装饰性的表现符号，这一手法后来也基本上演化成了民族－新古典建筑的典型特征——并非在功能上，而是在符号的尊严感上使用传统。这一目标，就是为了透过对传统宫殿建筑符号的重组，以唤起文化自尊心的宏大气象。

　　而且，校区的规划布局也成为实现某种精神观念的载体。不仅全校的平面布局呈现出"钟"形的空间隐喻，而且中山大学首任校长邹鲁先生有记："全校建筑物之位置，礼堂居中，左为文学院，右为法学院，礼堂正北为农学院，其东南为理学院，西南为工学院，礼堂之南则总理像巍然在目，像东为图书馆，西为博物院，礼堂东南高峰为天文台，台西南则为大门，门之左为稻作场。"这一用中轴线获得对称布局的做法，当为30年代以"国立大学"校区与建筑去表征民族自尊、国家自强的理念之最佳反映。

今天，由于历史的变迁，国立中山大学石牌校区的主要建筑物尚保持完好。透过散布在华南理工大学和华南农业大学校园内的前国立中山大学的建筑群，中国近现代第一代建筑师们的努力——如何抛弃"神庙原型"，选择"宫殿原型"为新的民族国家设计民族—新古典样式，创造宏大气象的建筑风格，他们的探索成果仍然铭刻在这些宏伟建筑物的身躯之上。

中山先生建立的新民族国家，推倒了帝国的体制和皇家的统治权，但并不是要推倒传统建筑的样式和装饰。所以，当新的民族国家需要构建出一种表征民族的建筑形象之时，被解脱了统治权力的皇家–官式建筑样式，反而因为其类型全面、样式齐

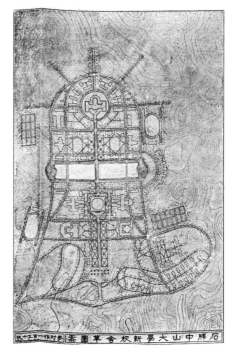

图4 石牌校区的钟形设计方案

全、技术精良、装饰精美，在整体上从皇权－民间的框架中退身出来，转而以民族式为名，置入中－西对立的框架之中并代表现代中国这一极。这一个历史性的转变，可以看成是"皇家变符号、宫殿变传统、传统变民族、民族造中国"的进程，传统宫殿建筑也由过去的统治符号变成为贯穿 20 世纪一百年的文化自尊符号。

饶有意味的是，推动这一传统符号在现代条件下走上再生之路的开创者并不是中国人自己，而是一些来自西方的建筑师。而承载这一符号变异的主要载体，又以现代新式大学的教育建筑为先。其中，岭南大学，因其创办者的西方身份，也因它在 1905 年前后迁入广州河南康乐园，其后在四十年的跨度上聘请了一批西方建筑师设计兴建了一大批校园建筑，因而使它成为这一文化符号转型运动的重要代表之一。1952 年后，岭南大学的康乐校园归于中山大学，也因此成为中山大学第三时期的校园所在地。如今，经过六十年之后，中山大学的历史形象已经深深地镌刻在这一树木参天、红墙绿瓦的校园建筑群之中。

回顾岭南大学校园，即 1905 年到 1949 年间的康乐园，最引人注目的现象还不仅是建筑风格本身，尽管从今天来看，岭大—中大康乐园的布局轴线清晰，建筑样式精美典雅，同样值得关注的是那些赞助教育的人士——现代教育的推动者——他们不仅出资兴建了这些建筑物，而他们的文化态度对于近代中国教育建筑风格的影响力也不该被低估。

从 1905 年落成的马丁堂开始，岭南大学校园的建设几乎跨越了整个 20 世纪的前半段，几乎所有这些在不同年代所建设的建筑物，其资金大都是来自主动捐助者和校长发起的募捐行动，因此，

图 5 康乐园马丁堂旧照

捐助者的文化态度对于校园建筑的影响即使不是直接性的，也肯定会间接地发生作用。也由于捐助者的身份，或由于学校属性的转变，例如由美国教会学校转成由华人校董会管理的私立学校，这些因素，当然也同样会直接或间接地影响到校园规划和建筑样式的选择。因而有理由去判断，就教会大学和私立大学的性质入眼，我们必须关注捐资者的身份和他们的文化态度，因为在社会转型和文化转向的年代里，出资人在决定建筑风格的类型和走向上，往往会拥有比建筑师还要大的影响力。也可以这样说，建筑既是建筑师设计的产品，也是赞助人的文化态度的反映。因此，就康乐园的建造史来看，应该是赞助人和建筑师一道合力塑造了不同时期的岭大建筑的风格。

岭南大学的建筑捐助者，明显地分为两类人，一类是美国人，其中有医生、将军和上层妇女，也有基金会和教会、大学等机构。

基于捐助者与中国的关系，我们可以把他们称为"捐助的他者"。总的来说，这些他者—捐赠者共同秉持了基督教的慈善传统，只求付出，不取回报，其捐赠精神也表现在他们的文化态度上面。凡出自此类捐助者的建筑物，通常并没有选择捐助者母国的建筑符号或文化风格，而是统一地推崇了某种中西合璧的风格——英式红砖墙为主体，中国传统屋顶为帽子的混合样式。这种建筑的双重文化特征既表明了他们尊重中国传统文化的谦逊美德，同时又维持了西方式起居生活方式的优雅得体。于是，两者相加带来了一个内外有别、却各有所求的双重性——康乐园的小型建筑，如住宅类建筑，通常拥有一个这样的双重形象——英式的红砖建筑主体戴上传统中国琉璃瓦的屋顶，在外观上塑造出建筑的东方气息，当然，在建筑的外

图6 康乐园麻金墨屋一号（今陈寅恪故居）

观上强调中国元素似乎更多是为了体现某种审美追求；而在建筑物的内部，通常是按西式生活的起居习惯来设计的，壁炉、楼梯和开窗均比例适度、精致典雅，符合西方绅士的体面生活要求。凡西人捐赠的建筑，无论是个人还是基金会或教会、大学，一般而言，大体上一律命名为"屋"，也因这类建筑通常以小型住宅为主，因此冠于捐助者的姓名，以某某屋为通例。

康乐园的另一类捐赠者，主要是来自海外的华侨富商，无论是马应彪先生还是陈嘉庚先生，爱国的南洋商人无疑是岭南大学的一个最为重要的捐赠群体。正如中山先生所言：华侨乃革命之母。民国革命和中国的近代化，华侨的贡献之大，难有其他群体望其项背。爱国侨商对于岭南大学之助力，实与推动教育现代化，实现教育强国梦的意愿一脉相承。岭大由国人收回管理之后，凡有困难或资金短缺，校长钟荣光等莫不向南洋华侨求助，而如马应彪、张弼士之子等，均主动捐巨资兴建校舍。所以，这一类捐助者，因为华侨与母国的关系，可以称为"求强的自我"。而凡华侨所资助的岭南大学建筑，因其体量规模较大，通常以堂命名之，如张弼士堂、陆佑堂等。凡华人资助的建筑，在选择中西合璧的混合样式之中又更为强调中国传统建筑的特征，包括以现代人士命名的建筑，如哲生堂等。此类建筑往往是体量较大的教学类建筑，并分布在校园轴线的两侧，大多都刻意在建筑物的关键表意符号上强调中国官式建筑的装饰特征，其文化上的意图当然也是显而易见的。

把传统官式建筑的符号经过适度的简化和改良之后，重新组装成仿传统宫殿的现代建筑外观，在符号表意的对称性上，它们就不再对称于传统的皇帝—官家权力内核，而是新的民族文化态度的符

图7 康乐园张弼士堂旧照

图8 康乐园哲生堂今貌

号象征。具体来说，透过一系列传统建筑符号的转译、改造，消除掉原定样式中"封建"的观念部分，再通过构建传统符号与新的民族自尊观念的对称性，从而实现了现代大学建筑要表达的两个重要身份：第一个身份可以表达为：我是什么，答案是我是现代大学，这一身份－观念是引进外来符码——红砖、殖民地式的券廊、西式内部设计等等元素共同来达成的；第二个身份可以表达为：我来自哪里，答案是我来自悠久的历史传统，这一身份－观念就是由前述的手法——将来自于中国宫殿建筑的符码经过重新转译、编码来达成的。

我们应该把康乐园的建筑群，放到建筑物如何获得价值的语境之中，才能对这一历史过程中的文化态度如何形塑出相应的建筑风格的作用给出合理的判断。建筑的价值，其实是以下四项因素共同累积的结果：1. 捐赠者－出资人——这一身份，在20世纪初期新式教育的创办阶段，具有最为重要的作用，正如前述，西人捐助的建筑为屋，华侨捐助的建筑为堂，屋与堂在体量用途上自有分别，但是在文化的目标上面，屋堂是和谐共处、交相辉映的，此一现象，当为我们理解康乐园之建筑风格的关键所在；2. 建筑设计者——设计者受雇获得项目，并为出资人的文化理念提供合适的样式与风格，因为文化差异的原因，外来的西方设计者在跨文化的语境中工作，并不承担在西方建筑语境中的创新任务；3. 居住者——建筑的基本目标是功用，而这一功用的效能也会因为不同居住者的介入重新改写，因为居住者通常是学校的创办人、校长和大学者、教授等，重要的居住者将会提升和重新塑造建筑物自身的价值；4. 提名与命名——命名以及书写屋堂的名称，是最后一种决定建筑价值的附加手段，在汉语文化圈，选择对建筑物的命名与书写，是一种特殊的显示文化含量的符号意指方式，这一方式在同类的西方建筑上面就不常见到，这与汉字——书法在中国文化里创造文化地位的作用密不可分。

因此，以今天的我们来回顾康乐园建筑群，可以简单地归纳出一个衡量建筑价值的结论：捐赠大于设计；设计满足定位；建筑因住而贵；书写提升品格。其中最为重要的是——屋堂之和，它来自两种捐助者所共有的文化态度，也因此而缔造了中西合璧风格的自我定位。

作者为美术学硕士、建筑学博士，中山大学人文社科学术委员会委员、中山大学艺术学院教授、中山大学视觉文化研究中心主任。

后 记

今年寒假刚过，吴承学老师嘱我参加《我们的中山大学》一书的编纂工作，于我而言是莫大的荣幸。一方面，本书所选诸位传主，皆是现代学术史上如雷贯耳的名家。藉此机缘，得以更亲近地了解其为人为学，感受其道德文章，无疑是一种极好的学习方式；另一方面，今年恰逢中山大学建校百年，能有机会参与这样一部集子的编纂，实在是与有荣焉。

本书之编排、传主遴选、图片选取，我们皆依丛书大致体例，加以斟酌。本着可读性与学术性兼顾的原则，尽量选取风格多样而篇幅相近的文章，个别篇目又请作者作了适当删节乃至改写。每篇文章皆配有多幅图片，与文字内容相得益彰。诸多照片由传主后人或弟子提供，有不少属首次公开，具有重要的历史价值和学术价值。

　　感谢各位文字作者及照片提供者的欣然授权和大力支持，使本书得以顺利编成。感谢山东画报出版社的陈先云老师，在本书编纂全程中给以专业指导。感谢中山大学几位年轻朋友的辛苦工作：《中山大学学报》编辑部的仝广秀君，在传主遴选过程中提供了若干意见和资料；博士生崔洺睿君，完成所有文字的录入工作和相当部分图片的查找工作；在书稿后期编辑阶段，硕士生白澍诔君、李可欣君、张燕影君、黄晓萍君、谭宇泽君，协助完成全书文字校对和图片整理工作。

　　需要说明的是：虽然我们尽可能联系文字和图片的著作权人，但因各种缘故，部分著作权人至今尚未获得联系方式。在此恭请各位看到出版信息后，及时与本书编者（chunjian66@hotmail.com）或出版社联系，以便沟通著作权事宜。

　　世纪中大，山高水长。

甲辰孟秋

春健于中大